왕초보를 위한 NCS 필수토픽 50
수리능력

시대에듀

시대에듀 왕초보를 위한 NCS 수리능력 필수토픽 50

Always with you

사람의 인연은 길에서 우연하게 만나거나 함께 살아가는 것만을 의미하지는 않습니다.
책을 펴내는 출판사와 그 책을 읽는 독자의 만남도 소중한 인연입니다.
시대에듀는 항상 독자의 마음을 헤아리기 위해 노력하고 있습니다. 늘 독자와 함께하겠습니다.

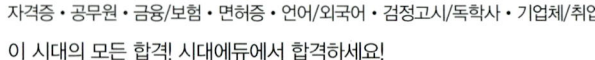

자격증 · 공무원 · 금융/보험 · 면허증 · 언어/외국어 · 검정고시/독학사 · 기업체/취업
이 시대의 모든 합격! 시대에듀에서 합격하세요!
www.youtube.com ➡ 시대에듀 ➡ 구독

PREFACE
머리말

취업준비생들에게 NCS란 더 이상 낯선 단어가 아니다. 하지만 문제들은 아직도 낯설고, 특히 수리능력의 경우는 학창시절부터 수학에 담을 쌓았다면 시작하기도 전에 어렵게 느껴진다. 기본서를 풀어봐도 이게 무슨 말인가 하고 생각한 수험생들이 많을 것이라고 생각한다.

하지만 대부분의 공사·공단에서 수리능력을 다루고 있고, 문제해결능력이나 자원관리능력을 풀이하는 과정에서도 필요하기 때문에 수리능력을 소홀히 해서는 안 된다. 이에 따라 취업준비생들은 수리능력의 정확한 출제 유형을 알고, 그에 맞는 공식을 적절하게 적용할 수 있도록 꾸준한 연습이 필요하다.

공사·공단 채용을 대비하기 위해 시대에듀에서는 NCS 도서 시리즈 누적 판매량 1위의 출간 경험을 토대로 다음과 같은 특징을 가진 도서를 출간하였다.

도서의 특징

❶ **기출복원문제를 통한 출제 유형 파악!**
  - 2025~2024년 주요 공기업 수리능력의 기출복원문제를 수록하여 NCS 수리능력 문제 유형과 출제 경향을 파악할 수 있도록 하였다.

❷ **유형의 이해와 개념 익히기로 실력 상승!**
  - NCS 수리능력 필수토픽 50개 유형을 분석하여 문제의 핵심을 파악할 수 있도록 하였다.
  - 토픽별로 문제풀이에 필요한 개념을 소개하고, 이를 적용하여 풀이시간을 단축할 수 있도록 하였다.

❸ **대표예제와 연습문제로 완벽한 실전 대비!**
  - 토픽별 대표예제를 선정하여 문제를 푸는 방법을 소개하고, 접근법을 체득할 수 있도록 하였다.
  - 토픽을 응용한 연습문제를 수록하여 자신의 실력을 점검할 수 있도록 하였다.

❹ **다양한 콘텐츠로 최종 합격까지!**
  - NCS 핵심이론 및 대표유형 PDF와 온라인 모의고사 그리고 무료특강을 제공하여 필기시험 전반에 대비할 수 있도록 하였다.

끝으로 본 도서를 통해 공사·공단 채용을 준비하는 모든 수험생 여러분이 합격의 기쁨을 누리기를 진심으로 기원한다.

SDC(Sidae Data Center) 씀

수리능력 소개 INTRODUCE

수리능력 정의 및 하위능력

수리능력 : 업무 수행 시 사칙연산, 통계, 확률의 의미를 정확하게 이해하고 이를 업무에 적용하는 능력

하위능력	정의
기초연산능력	업무를 수행함에 있어 필요한 기초적인 사칙연산과 계산방법을 이해하고 활용하는 능력
기초통계능력	업무를 수행함에 있어 필요한 기초 수준의 백분율, 평균, 확률과 같은 통계 능력
도표분석능력	업무를 수행함에 있어 도표의 의미를 파악하고, 필요한 정보를 해석하여 자료의 특성을 규명하는 능력
도표작성능력	업무를 수행함에 있어 자료(데이터)를 이용하여 도표를 효과적으로 제시하는 능력

수리능력 학습법

❶ 응용수리능력의 공식은 반드시 암기하라!

응용수리능력은 지문이 짧지만, 풀이 과정은 긴 문제도 자주 볼 수 있다. 그렇기 때문에 응용수리능력의 공식을 반드시 암기하여 문제의 상황에 맞는 공식을 적절하게 적용하여 답을 도출해야 한다. 따라서 문제에서 묻는 것을 정확하게 파악하여 그에 맞는 공식을 적절하게 적용하는 연습과 공식을 암기하는 연습이 필요하다.

❷ 통계에서의 사건이 동시에 발생하는지 개별적으로 발생하는지 구분하라!

통계에서는 사건이 개별적으로 발생했을 때, 경우의 수는 합의 법칙, 확률은 덧셈정리를 활용하여 계산하며, 사건이 동시에 발생했을 때, 경우의 수는 곱의 법칙, 확률은 곱셈정리를 활용하여 계산한다. 특히, 기초통계능력에서 출제되는 문제 중 순열과 조합의 계산 방법이 필요한 문제도 다수 출제되는 편이므로 순열(순서대로 나열)과 조합(순서에 상관없이 나열)의 차이점을 숙지하는 것 또한 중요하다. 통계 문제에서의 사건 발생 여부만 잘 판단하여도 공식을 적용하기가 수월하므로 문제의 의도를 잘 파악하는 것이 중요하다.

❸ 자료의 해석은 자료에서 즉시 확인할 수 있는 지문부터 확인하라!

대부분의 공사·공단 취업준비생들이 어려워하는 것이 수리능력 중 도표분석, 즉 자료해석능력이다. 자료는 표 또는 그래프로 제시되고, 쉬운 지문은 증가 혹은 감소 추이, 간단한 사칙연산으로 풀이가 가능한 지문 등이 있고, 자료의 조사기간 동안 전년 대비 증가율 혹은 감소율이 가장 높은 기간을 찾는 지문들도 있다. 따라서 일단 증가·감소 추이와 같이 눈으로 확인이 가능한 지문을 먼저 확인한 후 복잡한 계산이 필요한 지문을 확인하는 방법으로 문제를 풀이한다면, 시간을 조금이라도 아낄 수 있다. 특히, 그래프와 같은 경우에는 그래프에 대한 특징을 알고 있다면, 그래프의 길이 혹은 높낮이 등으로 대강의 수치를 빠르게 확인할 수 있으므로 이에 대한 숙지도 필요하다. 또한, 여러 가지 보기가 주어진 문제 역시 지문을 잘 확인하고 문제를 푼다면 불필요한 계산이 줄어들 수 있으므로 항상 지문부터 확인하는 습관을 들이기를 바란다.

❹ 도표작성능력에서 지문에 작성된 도표의 제목을 반드시 확인하라!

도표작성은 하나의 자료 혹은 보고서와 같은 수치가 표현된 자료를 도표로 작성하는 형식으로 출제되는데, 대체로 표보다는 그래프를 작성하는 형태로 많이 출제된다. 지문을 살펴보면 각 지문에서 주어진 도표에도 소제목이 있는 경우가 대부분이다. 이때, 자료의 수치와 도표의 제목이 일치하지 않는 경우 함정이 존재하는 문제의 비중이 높으므로 도표의 제목을 반드시 확인하는 것이 중요하다. 도표작성의 경우 대부분 비율 계산 문제가 많이 출제되는데, 도표의 제목과는 다른 수치로 작성된 도표가 존재하는 경우가 있다. 그렇기 때문에 지문에서 작성된 도표의 소제목을 먼저 확인하는 연습을 하여 간단하지 않은 비율 계산을 두 번 하는 일이 없도록 해야 한다.

수리능력 세부사항

하위능력		교육내용	
기초연산 능력	K (지식)	• 수의 개념, 단위, 체제 • 다양한 계산 방법의 이해 • 결과 제시 단위 사용 방법의 이해	• 업무에 필요한 연산 기법의 유형 • 계산결과 제시 방법의 이해
	S (기술)	• 수치화된 자료의 해석 • 연산 결과에 적합한 단위 사용 • 계산 수행 방법에 대한 평가 • 계산결과의 업무와의 관련성 파악	• 업무에 필요한 사칙연산 수행 • 계산결과를 다른 형태로 제시 • 계산결과의 오류 확인
기초통계 능력	K (지식)	• 경향성의 개념 • 그래프의 이해 • 통계자료 해석 방법의 종류	• 기초적인 통계 방법의 이해 • 기초적인 통계량과 분포의 이해
	S (기술)	• 빈도, 평균, 범위에 대한 계산을 통한 자료 제시 • 데이터를 측정하는 방법 선택 • 계산결과의 오류 확인	• 계산결과에 대한 효과적인 표현 • 계산 수행 방법에 대한 평가 • 계산결과의 업무와의 관련성 파악
도표분석 능력	K (지식)	• 도표의 종류 • 도표 제목 해석 원리 • 도표로부터 정보 획득 방법의 이해	• 도표 분석 방법의 이해 • 시각화 자료 이해 • 도표 종류별 장단점 이해
	S (기술)	• 도표의 구성요소 파악 • 제시된 도표의 비교, 분석 • 도표의 핵심내용 파악	• 표 · 다이어그램 · 차트 · 그래프 분석 • 도표로부터 관련 정보 획득 • 도표의 정보와 업무와의 관련성 파악
도표작성 능력	K (지식)	• 도표 작성 목적 • 도표의 종류 • 도표를 이용한 핵심내용 강조 방법의 유형	• 도표 작성 절차의 이해 • 도표를 활용한 표현 방법의 이해 • 시각화 표현 방법 이해
	S (기술)	• 도표로 전달한 내용 결정 • 도표 내용에 적절한 제목 진술 • 정확한 단위 사용 • 다양한 이미지에 대한 효과적인 활용	• 도표의 종류에 따른 효과적인 표현 • 도표로 제시할 결과 주요내용 요약 • 내용을 효과적으로 전달할 크기, 형태 파악

NCS 문제 유형 소개 NCS TYPES

PSAT형

| 수리능력

04 다음은 신용등급에 따른 아파트 보증률에 대한 사항이다. 자료와 상황에 근거할 때, 갑(甲)과 을(乙)의 보증료의 차이는 얼마인가?(단, 두 명 모두 대지비 보증금액은 5억 원, 건축비 보증금액은 3억 원이며, 보증서 발급일로부터 입주자 모집공고 안에 기재된 입주 예정 월의 다음 달 말일까지의 해당 일수는 365일이다)

- (신용등급별 보증료)=(대지비 부분 보증료)+(건축비 부분 보증료)
- 신용평가 등급별 보증료율

구분	대지비 부분	건축비 부분				
		1등급	2등급	3등급	4등급	5등급
AAA, AA	0.138%	0.178%	0.185%	0.192%	0.203%	0.221%
A+		0.194%	0.208%	0.215%	0.226%	0.236%
A-, BBB+		0.216%	0.225%	0.231%	0.242%	0.261%
BBB-		0.232%	0.247%	0.255%	0.267%	0.301%
BB+ ~ CC		0.254%	0.276%	0.296%	0.314%	0.335%
C, D		0.404%	0.427%	0.461%	0.495%	0.531%

※ (대지비 부분 보증료)=(대지비 부분 보증금액)×(대지비 부분 보증료율)×(보증서 발급일로부터 입주자 모집공고 안에 기재된 입주 예정 월의 다음 달 말일까지의 해당 일수)÷365
※ (건축비 부분 보증료)=(건축비 부분 보증금액)×(건축비 부분 보증료율)×(보증서 발급일로부터 입주자 모집공고 안에 기재된 입주 예정 월의 다음 달 말일까지의 해당 일수)÷365

- 기여고객 할인율 : 보증료, 거래기간 등을 기준으로 기여도에 따라 6개 군으로 분류하며, 건축비 부분 요율에서 할인 가능

구분	1군	2군	3군	4군	5군	6군
차감률	0.058%	0.050%	0.042%	0.033%	0.025%	0.017%

〈상황〉

- 갑 : 신용등급은 A+이며, 3등급 아파트 보증금을 내야 한다. 기여고객 할인율에서는 2군으로 선정되었다.
- 을 : 신용등급은 C이며, 1등급 아파트 보증금을 내야 한다. 기여고객 할인율은 3군으로 선정되었다.

① 554,000원
② 566,000원
③ 582,000원
④ 591,000원
⑤ 623,000원

특징
▶ 대부분 의사소통능력, 수리능력, 문제해결능력을 중심으로 출제(일부 기업의 경우 자원관리능력, 조직이해능력을 출제)
▶ 자료에 대한 추론 및 해석 능력을 요구

대행사
▶ 엑스퍼트컨설팅, 커리어넷, 태드솔루션, 한국행동과학연구소(행과연), 휴노 등

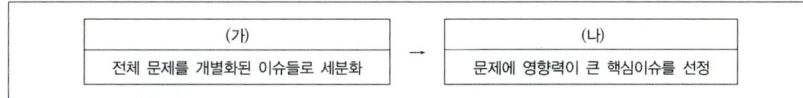

모듈형

41 문제해결절차의 문제 도출 단계는 (가)와 (나)의 절차를 거쳐 수행된다. 다음 중 (가)에 대한 설명으로 적절하지 않은 것은?

(가)	→	(나)
전체 문제를 개별화된 이슈들로 세분화		문제에 영향력이 큰 핵심이슈를 선정

① 문제의 내용 및 영향 등을 파악하여 문제의 구조를 도출한다.
② 본래 문제가 발생한 배경이나 문제를 일으키는 메커니즘을 분명히 해야 한다.
③ 현상에 얽매이지 말고 문제의 본질과 실제를 봐야 한다.
④ 눈앞의 결과를 중심으로 문제를 바라봐야 한다.
⑤ 문제 구조 파악을 위해서 Logic Tree 방법이 주로 사용된다.

| 문제해결능력

특징
- 이론 및 개념을 활용하여 푸는 유형
- 채용 기업 및 직무에 따라 NCS 직업기초능력평가 10개 영역 중 선발하여 출제
- 기업의 특성을 고려한 직무 관련 문제를 출제
- 주어진 상황에 대한 판단 및 이론 적용을 요구

대행사
- 인트로맨, 휴스테이션, ORP연구소 등

피듈형(PSAT형 + 모듈형)

07 다음 자료를 근거로 판단할 때, 연구모임 A~E 중 세 번째로 많은 지원금을 받는 모임은?

| 자원관리능력

〈지원계획〉
- 지원을 받기 위해서는 한 모임당 5명 이상 9명 미만으로 구성되어야 한다.
- 기본지원금은 모임당 1,500천 원을 기본으로 지원한다. 단, 상품개발을 위한 모임의 경우는 2,000천 원을 지원한다.
- 추가지원금

등급	상	중	하
추가지원금(천 원/명)	120	100	70

※ 추가지원금은 연구 계획 사전평가결과에 따라 달라진다.
- 협업 장려를 위해 협업이 인정되는 모임에는 위의 두 지원금을 합한 금액의 30%를 별도로 지원한다.

〈연구모임 현황 및 평가결과〉

특징
- 기초 및 응용 모듈을 구분하여 푸는 유형
- 기초인지모듈과 응용업무모듈로 구분하여 출제
- PSAT형보다 난도가 낮은 편
- 유형이 정형화되어 있고, 유사한 유형의 문제를 세트로 출제

대행사
- 사람인, 스카우트, 인크루트, 커리어케어, 트리피, 한국사회능력개발원 등

주요 공기업 적중 문제 TEST CHECK

코레일 한국철도공사

교통사고 ▶ 키워드

※ 다음은 K국의 교통사고 사상자 2,500명에 대해 조사한 자료이다. 이어지는 질문에 답하시오. [3~4]

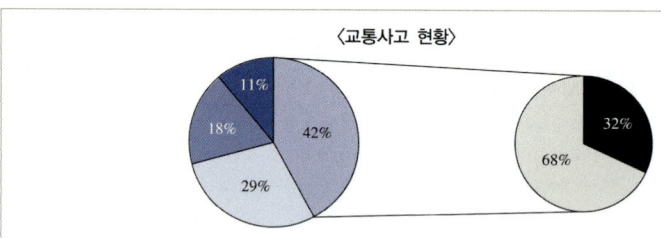

〈교통사고 현황〉

- 사륜차와 사륜차
- 사륜차와 이륜차
- 사망자
- 부상자
- 사륜차와 보행자
- 이륜차와 보행자

※ 사상자 수와 가해자 수는 같다.

〈교통사고 가해자 연령〉

구분	20대	30대	40대	50대	60대 이상
비율	38%	21%	11%	8%	( )

※ 교통사고 가해자 연령 비율의 합은 100%이다.

03 다음 중 자료에 대한 설명으로 옳지 않은 것은?

① 교통사고 가해자 연령에서 60대 이상의 비율은 30대보다 높다.
② 사륜차와 사륜차 교통사고 사망사건의 가해자가 모두 20대라고 할 때, 20대 가해건수의 35% 이상을 차지한다.
③ 이륜차와 관련된 교통사고의 가해자 연령대가 모두 30대 이하라고 할 때, 30대 이하 가해건수의 70% 이상을 차지한다.
④ 보행자와 관련된 교통사고의 40%는 사망사건이라고 할 때, 보행자 관련 사망건수는 사륜차와

한국수자원공사

확률 ▶ 유형

12 K학교의 학생은 A과목과 B과목 중 한 과목만을 선택하여 수업을 받는다고 한다. A과목과 B과목을 선택한 학생의 비율이 각각 전체의 40%, 60%이고, A과목을 선택한 학생 중 여학생은 30%, B과목을 선택한 학생 중 여학생은 40%라고 하자. K학교의 3학년 학생 중에서 임의로 뽑은 학생이 여학생일 때, 그 학생이 B과목을 선택한 학생일 확률은?

① $\dfrac{1}{3}$
② $\dfrac{2}{3}$
③ $\dfrac{1}{4}$
④ $\dfrac{3}{4}$

SH 서울주택도시공사

소금물 ▶ 유형

03 농도가 10%인 소금물 200g에 농도가 15%인 소금물을 섞어서 농도가 13%인 소금물을 만들려고 한다. 이때, 농도가 15%인 소금물은 몇 g이 필요한가?

① 150g
② 200g
③ 250g
④ 300g
⑤ 350g

신용보증기금

터널을 지나는 시간 ▶ 유형

08 길이가 6km인 터널의 양쪽에서 150m 길이의 A열차와 200m 길이의 B열차가 동시에 진입하였다. B열차가 터널을 완전히 빠져나오는 시간이 A열차가 터널을 완전히 빠져나오는 시간보다 10초 더 짧았다. B열차가 A열차보다 1분당 3km가 더 빠를 때, 터널 안에서 A열차가 B열차를 마주친 순간부터 B열차를 완전히 지나가는 데 필요한 시간은?

① 1초
② 1.5초
③ 2초
④ 2.5초
⑤ 3초

서울교통공사

공기질 ▶ 키워드

08 다음은 1호선 지하역사 공기질 측정결과에 대한 자료이다. 〈보기〉 중 옳지 않은 것을 모두 고르면?

〈1호선 지하역사 공기질 측정결과〉

역사명	측정항목 및 기준								
	PM-10	CO_2	HCHO	CO	NO_2	Rn	석면	O_3	TVOC
	$\mu g/m^3$	ppm	$\mu g/m^3$	ppm	ppm	Bq/m^3	이하/cc	ppm	$\mu g/m^3$
기준치	140	1,000	100	9	0.05	148	0.01	0.06	500
1호선 평균	91.4	562	8.4	0.5	0.026	30.6	0.01 미만	0.017	117.7
서울역	86.9	676	8.5	0.6	0.031	25.7	0.01 미만	0.009	56.9
시청	102.0	535	7.9	0.5	0.019	33.7	0.01 미만	0.022	44.4
종각	79.4	562	9.5	0.6	0.032	35.0	0.01 미만	0.016	154.4
종각3가	87.7	495	6.4	0.6	0.036	32.0	0.01 미만	0.008	65.8
종로5가	90.1	591	10.4	0.4	0.020	29.7	0.01 미만	0.031	158.6
동대문	89.4	566	9.2	0.7	0.033	28.5	0.01 미만	0.016	97.7
동묘앞	93.6	606	8.3	0.5	0.018	32.0	0.01 미만	0.023	180.4

도서 200% 활용하기 STRUCTURES

수리능력 기출복원문제로 출제 경향 파악

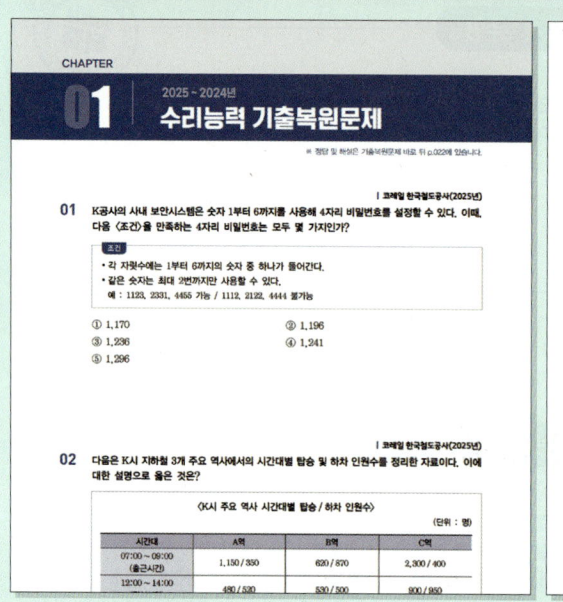
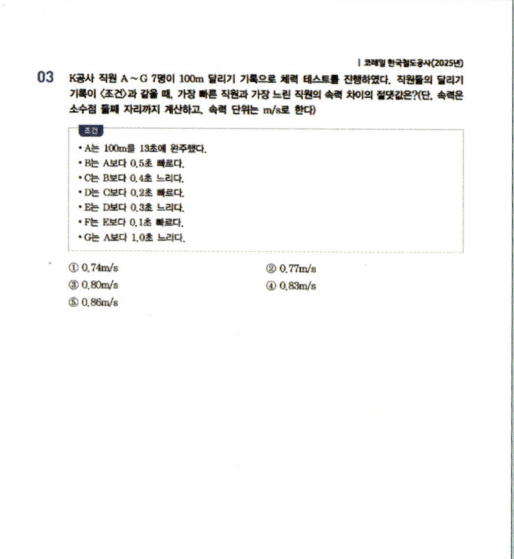

▶ 2025~2024년 주요 공기업 수리능력 기출문제를 복원하여 NCS 수리능력 출제 경향을 파악할 수 있도록 하였다.

유형의 이해 + 개념 익히기로 문제 유형별 분석

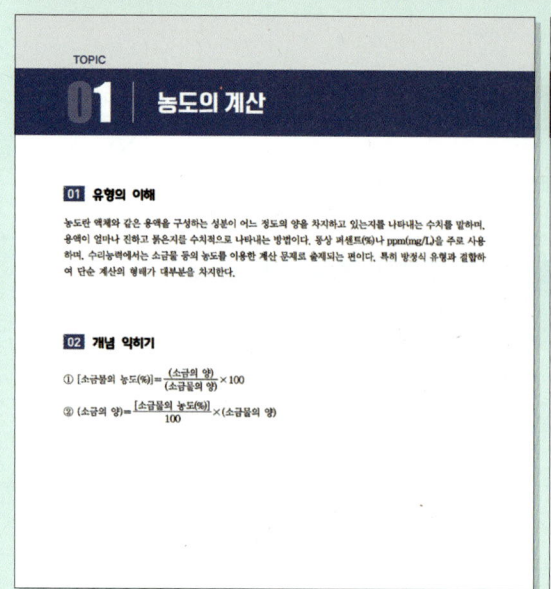
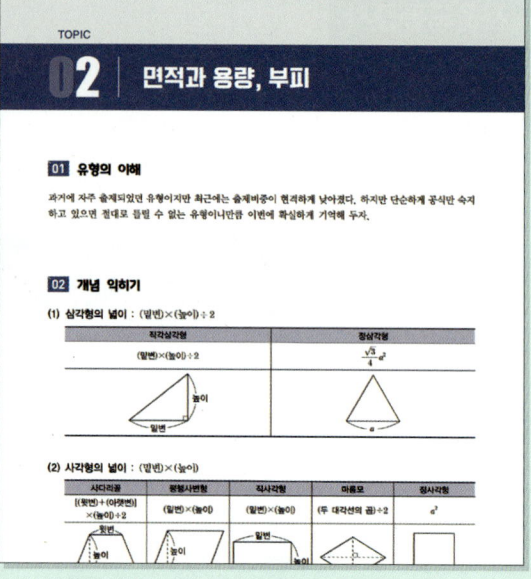

▶ NCS 수리능력 필수토픽 50개 유형을 분석하고, 문제 유형별로 필요한 개념을 확인할 수 있도록 하였다.

대표예제 + 연습문제로 실전 연습

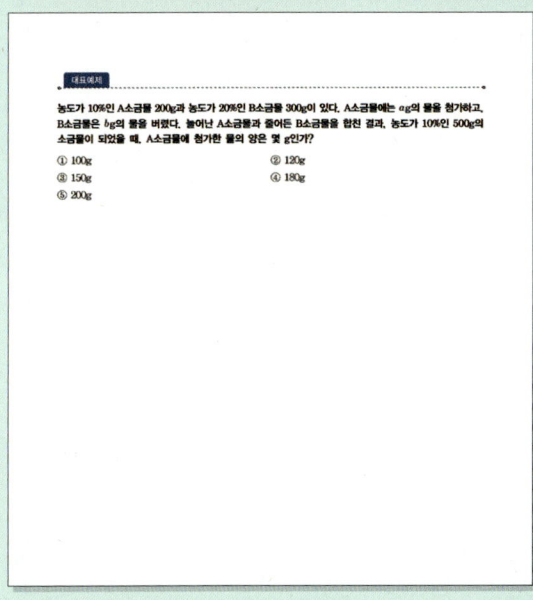

▶ 토픽별 대표예제를 선정하여 문제를 푸는 방법을 소개하고, 접근법을 체득할 수 있도록 하였다.
▶ 토픽을 응용한 연습문제를 수록하여 자신의 실력을 점검할 수 있도록 하였다.

상세한 해설로 정답과 오답을 완벽하게 이해

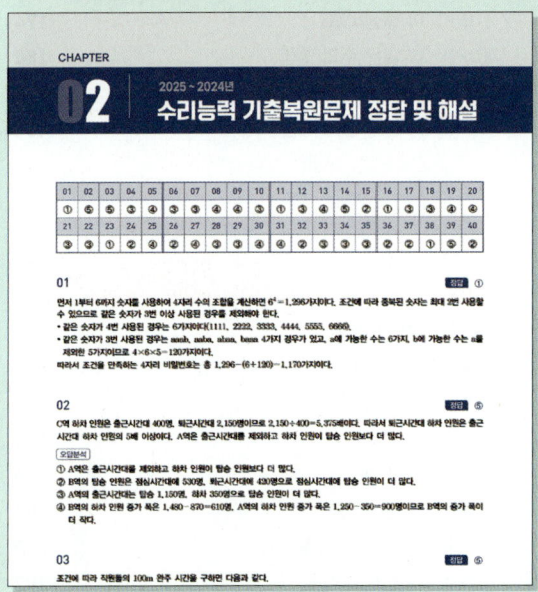
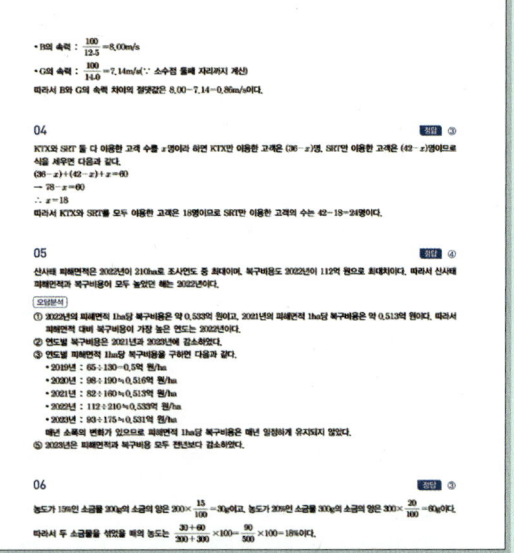

▶ 정답과 오답에 대한 상세한 해설을 수록하여 혼자서도 충분히 학습을 할 수 있도록 하였다.

이 책의 차례 CONTENTS

Add+ 주요 공기업 기출복원문제

CHAPTER 01 2025~2024년 수리능력 기출복원문제 2
CHAPTER 02 2025~2024년 수리능력 기출복원문제 정답 및 해설 22

PART 1 기초연산과 수리추리능력

TOPIC 01 농도의 계산 2
TOPIC 02 면적과 용량, 부피 8
TOPIC 03 거리, 속력, 시간 14
TOPIC 04 최대공약수와 최소공배수, 소인수분해 20
TOPIC 05 방정식 26
TOPIC 06 꼬리를 무는 방정식 32
TOPIC 07 연립방정식과 연립부등식 34
TOPIC 08 문자수열 40
TOPIC 09 도형수열 46

PART 2 확률과 통계능력

TOPIC 10 산술평균 56
TOPIC 11 가중평균 62
TOPIC 12 가평균 68
TOPIC 13 확률의 계산 70
TOPIC 14 경우의 수 76
TOPIC 15 중앙값과 최빈값 82

PART 3 도표문제 풀이비법

TOPIC 16 선택지 판단의 강약조절 90
TOPIC 17 필수암기자료 93
TOPIC 18 곱셈비교 96
TOPIC 19 분수비교 98
TOPIC 20 여사건 100
TOPIC 21 선택지의 변형 102
TOPIC 22 매칭형 104
TOPIC 23 빈칸이 있는 자료들 106
TOPIC 24 표와 그래프 108
TOPIC 25 적어도(최소 교집합) 110

PART 4 비율을 이용한 도표분석

TOPIC 26 절반의 활용 – 50% 114
TOPIC 27 자릿수만으로 해결 – 5% 120
TOPIC 28 복잡한 비율 – 20%, 35% 126

PART 5 배수와 증감률을 통한 도표분석

TOPIC 29 작은 배수 – 2.5배 132
TOPIC 30 특징이 없는 배수 138
TOPIC 31 증가율 계산 142
TOPIC 32 감소율 계산 148
TOPIC 33 증감률이 가장 큰 것 152

PART 6 도표분석의 전체적 시각

TOPIC 34 추세의 판단 158
TOPIC 35 순위의 판단 164

PART 7 그 외 도표분석과 작성능력

TOPIC 36 계산이 필요 없는 비율판단 170
TOPIC 37 계산이 필요 없는 곱셈 값의 비교 172
TOPIC 38 뺄셈비교 174
TOPIC 39 많은 수의 뺄셈 180
TOPIC 40 큰 수의 단위 비교 182
TOPIC 41 분수 값의 계산 184

PART 8 빈출토픽문제

TOPIC 42 근무평정 188
TOPIC 43 교육비 190
TOPIC 44 제작비 192
TOPIC 45 연비 194
TOPIC 46 전기요금 196
TOPIC 47 운송비용 198
TOPIC 48 구입가능수량 200
TOPIC 49 산식의 적용 202
TOPIC 50 자원의 배치 204

Add+

주요 공기업 기출복원문제

CHAPTER 01   2025 ~ 2024년 수리능력 기출복원문제

CHAPTER 02   2025 ~ 2024년 수리능력 기출복원문제 정답 및 해설

※ 기출복원문제는 수험생들의 후기를 통해 시대에듀에서 복원한 문제로 실제 문제와 다소 차이가 있을 수 있으며, 본 저작물의 무단전재 및 복제를 금합니다.

CHAPTER 01

2025 ~ 2024년 수리능력 기출복원문제

※ 정답 및 해설은 기출복원문제 바로 뒤 p.022에 있습니다.

┃코레일 한국철도공사(2025년)

01 K공사의 사내 보안시스템은 숫자 1부터 6까지를 사용해 4자리 비밀번호를 설정할 수 있다. 이때, 다음 〈조건〉을 만족하는 4자리 비밀번호는 모두 몇 가지인가?

> **조건**
> • 각 자릿수에는 1부터 6까지의 숫자 중 하나가 들어간다.
> • 같은 숫자는 최대 2번까지만 사용할 수 있다.
>   예 : 1123, 2331, 4455 가능 / 1112, 2122, 4444 불가능

① 1,170
② 1,196
③ 1,236
④ 1,241
⑤ 1,296

┃코레일 한국철도공사(2025년)

02 다음은 K시 지하철 3개 주요 역사에서의 시간대별 탑승 및 하차 인원수를 정리한 자료이다. 이에 대한 설명으로 옳은 것은?

〈K시 주요 역사 시간대별 탑승 / 하차 인원수〉

(단위 : 명)

시간대	A역	B역	C역
07:00 ~ 09:00 (출근시간)	1,150 / 350	620 / 870	2,300 / 400
12:00 ~ 14:00 (점심시간)	480 / 520	530 / 500	900 / 950
17:00 ~ 19:00 (퇴근시간)	390 / 1,250	420 / 1,480	280 / 2,150

① A역은 모든 시간대에서 탑승 인원이 하차 인원보다 많다.
② B역은 점심시간대보다 퇴근시간대에 탑승 인원이 더 많다.
③ A역은 전 시간대를 통틀어 탑승보다 하차 인원이 많은 유일한 역이다.
④ B역은 출근시간대에 비해 퇴근시간대 하차 인원 증가 폭이 A역보다 크다.
⑤ C역은 퇴근시간대 하차 인원이 출근시간대 하차 인원의 5배 이상이다.

03 K공사 직원 A ~ G 7명이 100m 달리기 기록으로 체력 테스트를 진행하였다. 직원들의 달리기 기록이 〈조건〉과 같을 때, 가장 빠른 직원과 가장 느린 직원의 속력 차이의 절댓값은?(단, 속력은 소수점 둘째 자리까지 계산하고, 속력 단위는 m/s로 한다)

조건
- A는 100m를 13초에 완주했다.
- B는 A보다 0.5초 빠르다.
- C는 B보다 0.4초 느리다.
- D는 C보다 0.2초 빠르다.
- E는 D보다 0.3초 느리다.
- F는 E보다 0.1초 빠르다.
- G는 A보다 1.0초 느리다.

① 0.74m/s ② 0.77m/s
③ 0.80m/s ④ 0.83m/s
⑤ 0.86m/s

04 K역에서 일정 시간 동안 조사한 결과, 조사시간 내 전체 코레일 이용객 수는 60명이었다. 이 중 KTX 이용객이 36명, SRT 이용객이 42명이었고, 이용객 중 일부는 두 열차를 모두 이용하였다. 이때, SRT만 이용한 고객은 몇 명인가?

① 18명 ② 20명
③ 24명 ④ 30명
⑤ 36명

05 다음은 최근 5년간 산사태로 인한 피해면적과 해당 연도의 복구비용을 나타낸 그래프이다. 이에 대한 설명으로 옳은 것은?

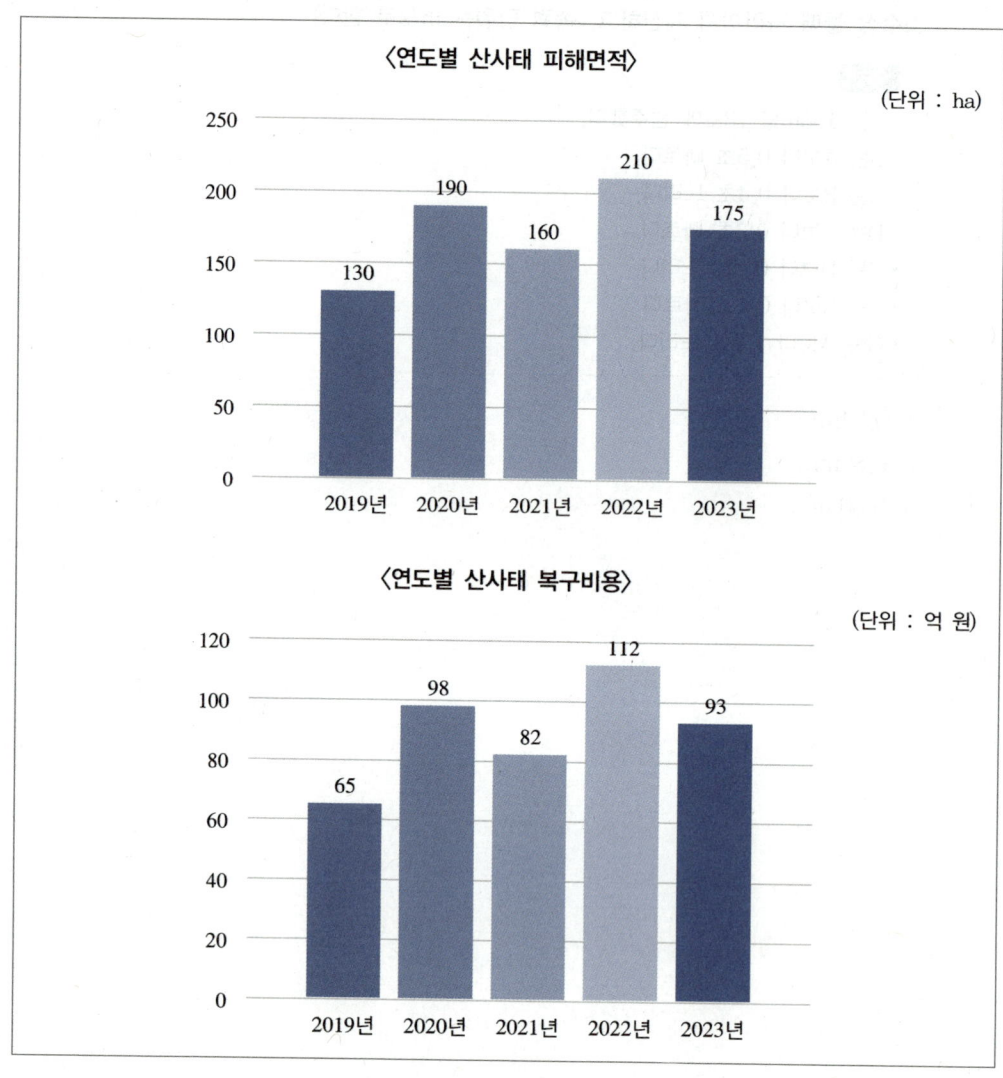

① 2021년은 피해면적 대비 복구비용이 가장 높았다.
② 복구비용은 2019년부터 매년 일정하게 증가하였다.
③ 매년 피해면적 1ha당 복구비용은 일정하게 유지되었다.
④ 피해면적과 복구비용이 모두 가장 높았던 해는 2022년이다.
⑤ 2023년은 피해면적이 줄었으나, 복구비용은 전년보다 늘었다.

| 코레일 한국철도공사(2024년)

06 농도가 15%인 소금물 200g과 농도가 20%인 소금물 300g을 섞었을 때, 섞인 소금물의 농도는?

① 17% ② 17.5%
③ 18% ④ 18.5%
⑤ 19%

| 코레일 한국철도공사(2024년)

07 남직원 A~C, 여직원 D~F 6명이 일렬로 앉고자 한다. 동성끼리 인접하지 않고, 여직원 D와 남직원 B가 서로 인접하여 앉는 경우의 수는?

① 12가지 ② 20가지
③ 40가지 ④ 60가지
⑤ 120가지

| 코레일 한국철도공사(2024년)

08 다음과 같이 일정한 규칙으로 수를 나열할 때 빈칸에 들어갈 수로 옳은 것은?

| -23 | -15 | -11 | 5 | 13 | 25 | ( ) | 45 | 157 | 65 |

① 49 ② 53
③ 57 ④ 61
⑤ 65

09 다음은 K시의 유치원, 초·중·고등학교, 고등교육기관의 취학률 및 초·중·고등학교의 상급학교 진학률에 대한 자료이다. 이에 대한 설명으로 옳지 않은 것은?

〈유치원, 초·중·고등학교, 고등교육기관 취학률〉

(단위 : %)

구분	2014년	2015년	2016년	2017년	2018년	2019년	2020년	2021년	2022년	2023년
유치원	45.8	45.2	48.3	50.6	51.6	48.1	44.3	45.8	49.7	52.8
초등학교	98.7	99	98.6	98.9	99.3	99.6	98.1	98.1	99.5	99.9
중학교	98.5	98.6	98.1	98	98.9	98.5	97.1	97.6	97.5	98.2
고등학교	95.3	96.9	96.2	95.4	96.2	94.7	92.1	93.7	95.2	95.6
고등교육기관	65.6	68.9	64.9	66.2	67.5	69.2	70.8	71.7	74.3	73.5

〈초·중·고등학교 상급학교 진학률〉

(단위 : %)

구분	2014년	2015년	2016년	2017년	2018년	2019년	2020년	2021년	2022년	2023년
초등학교	100	100	100	100	100	100	100	100	100	100
중학교	99.7	99.7	99.7	99.7	99.7	99.7	99.7	99.7	99.7	99.6
고등학교	93.5	91.8	90.2	93.2	91.7	90.5	91.4	92.6	93.9	92.8

① 중학교의 취학률은 매년 97% 이상이다.
② 매년 취학률이 가장 높은 기관은 초등학교이다.
③ 고등교육기관의 취학률이 70%를 넘긴 해는 2020년부터이다.
④ 2023년에 중학교에서 고등학교로 진학하지 않은 학생의 비율은 전년 대비 감소하였다.
⑤ 고등교육기관의 취학률이 가장 낮은 해와 고등학교의 상급학교 진학률이 가장 낮은 해는 같다.

10 다음은 A기업과 B기업의 2024년 1 ~ 6월 매출액에 대한 자료이다. 이를 그래프로 옮겼을 때의 개형으로 옳은 것은?

〈2024년 1 ~ 6월 A, B기업 매출액〉

(단위 : 억 원)

구분	2024년 1월	2024년 2월	2024년 3월	2024년 4월	2024년 5월	2024년 6월
A기업	307.06	316.38	315.97	294.75	317.25	329.15
B기업	256.72	300.56	335.73	313.71	296.49	309.85

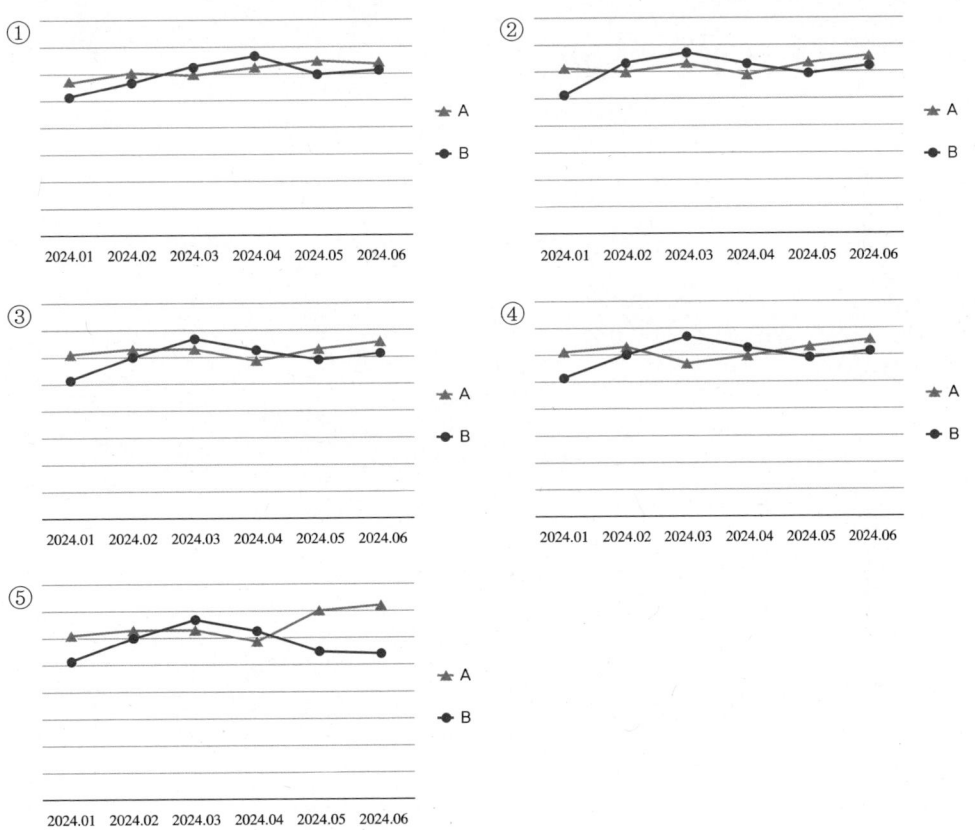

I 코레일 한국철도공사(2024년)

11 다음 식을 계산하여 나온 수의 백의 자리, 십의 자리, 일의 자리를 순서대로 바르게 나열한 것은?

$$865 \times 865 + 865 \times 270 + 135 \times 138 - 405$$

① 0, 0, 0
② 0, 2, 0
③ 2, 5, 0
④ 5, 5, 0
⑤ 8, 8, 0

I 코레일 한국철도공사(2024년)

12 길이가 200m인 A열차가 어떤 터널을 60km/h의 속력으로 통과하였다. 잠시 후 길이가 300m인 B열차가 같은 터널을 90km/h의 속력으로 통과하였다. A열차와 B열차가 이 터널을 완전히 통과할 때 걸린 시간의 비가 10 : 7일 때, 이 터널의 길이는?

① 1,200m
② 1,500m
③ 1,800m
④ 2,100m
⑤ 2,400m

※ 다음과 같이 일정한 규칙으로 수를 나열할 때, 빈칸에 들어갈 수를 고르시오. [13~14]

| 코레일 한국철도공사(2024년)

13

| • 7 | 13 | 4 | 63 |
| • 9 | 16 | 9 | ( ) |

① 45
② 51
③ 57
④ 63
⑤ 69

| 코레일 한국철도공사(2024년)

14

−2 1 6 13 22 33 46 61 78 97 ( )

① 102
② 106
③ 110
④ 114
⑤ 118

| 코레일 한국철도공사(2024년)

15 K중학교 2학년 A~F 6개의 학급이 체육대회에서 줄다리기 경기를 다음과 같은 토너먼트로 진행하려고 한다. 이때, A반과 B반이 모두 두 번의 경기를 거쳐 결승에서 만나게 되는 경우의 수는?

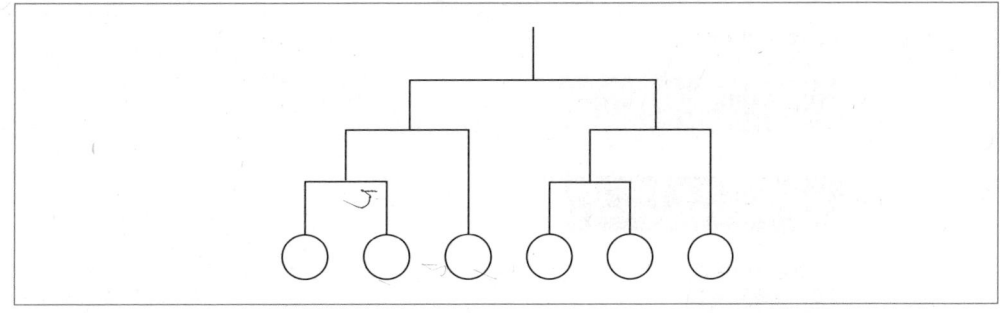

① 6가지
② 24가지
③ 120가지
④ 180가지
⑤ 720가지

16 다음은 전자제품 판매업체 3사를 다섯 가지 항목으로 나누어 평가한 자료이다. 이를 토대로 3사의 항목별 비교 및 균형을 쉽게 파악할 수 있도록 나타낸 그래프로 옳은 것은?

〈전자제품 판매업체 3사 평가표〉

(단위 : 점)

구분	디자인	가격	광고 노출도	브랜드 선호도	성능
A사	4.1	4.0	2.5	2.1	4.6
B사	4.5	1.5	4.9	4.0	2.0
C사	2.5	4.5	0.6	1.5	4.0

①
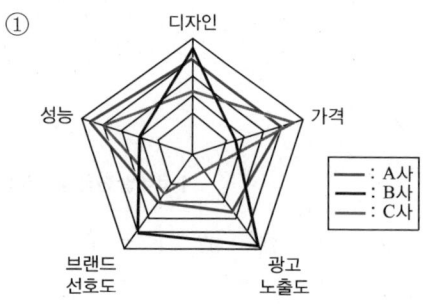

②
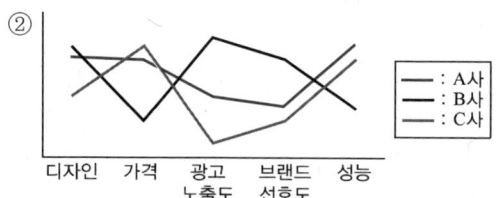

③
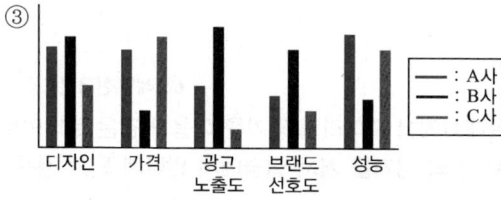

④
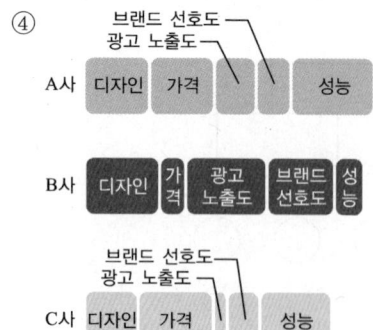

⑤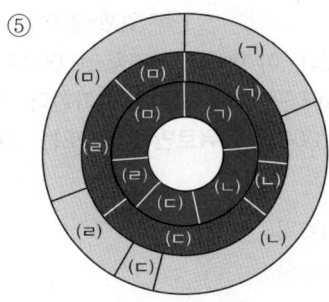

```
──── : A사
──── : B사
──── : C사
(ㄱ) – 디자인
(ㄴ) – 가격
(ㄷ) – 광고 노출도
(ㄹ) – 브랜드 선호도
(ㅁ) – 성능
```

| 코레일 한국철도공사(2024년)

17 다음은 연령대별로 도시와 농촌에서의 여가생활 만족도 평가 점수를 조사한 자료이다. 〈조건〉에 따라 빈칸 ㄱ ~ ㄹ에 들어갈 수를 순서대로 바르게 나열한 것은?

〈연령대별 도시·농촌 여가생활 만족도 평가〉
(단위 : 점)

구분	10대 미만	10대	20대	30대	40대	50대	60대	70대 이상
도시	1.6	ㄱ	3.5	ㄴ	3.9	3.8	3.3	1.7
농촌	1.3	1.8	2.2	2.1	2.1	ㄷ	2.1	ㄹ

※ 매우 만족 : 5점, 만족 : 4점, 보통 : 3점, 불만 : 2점, 매우 불만 : 1점

조건
- 도시에서 여가생활 만족도는 모든 연령대에서 같은 연령대의 농촌보다 높았다.
- 도시에서 10대의 여가생활 만족도는 농촌에서 10대의 2배보다 높았다.
- 도시에서 여가생활 만족도가 가장 높은 연령대는 40대였다.
- 농촌에서 여가생활 만족도가 가장 높은 연령대는 50대지만, 3점을 넘기지 못했다.

	ㄱ	ㄴ	ㄷ	ㄹ
①	3.8	3.3	2.8	3.5
②	3.5	3.3	3.2	3.5
③	3.8	3.3	2.8	1.5
④	3.5	4.0	3.2	1.5
⑤	3.8	4.0	2.8	1.5

| 코레일 한국철도공사(2024년)

18 가격이 500,000원일 때 10,000개가 판매되는 K제품이 있다. 이 제품의 가격을 10,000원 인상할 때마다 판매량은 160개 감소하고, 10,000원 인하할 때마다 판매량은 160개 증가한다. 이때, 총 판매금액이 최대가 되는 제품의 가격은?(단, 가격은 10,000원 단위로만 인상 또는 인하할 수 있다)

① 520,000원
② 540,000원
③ 560,000원
④ 580,000원
⑤ 600,000원

| 코레일 한국철도공사(2024년)

19 다음은 2023년 K톨게이트를 통과한 차량에 대한 자료이다. 이에 대한 설명으로 옳지 않은 것은?

〈2023년 K톨게이트 통과 차량〉

(단위 : 천 대)

구분	승용차			승합차			대형차		
	영업용	비영업용	합계	영업용	비영업용	합계	영업용	비영업용	합계
1월	152	3,655	3,807	244	2,881	3,125	95	574	669
2월	174	3,381	3,555	222	2,486	2,708	101	657	758
3월	154	3,909	4,063	229	2,744	2,973	139	837	976
4월	165	3,852	4,017	265	3,043	3,308	113	705	818
5월	135	4,093	4,228	211	2,459	2,670	113	709	822
6월	142	3,911	4,053	231	2,662	2,893	107	731	838
7월	164	3,744	3,908	237	2,721	2,958	117	745	862
8월	218	3,975	4,193	256	2,867	3,123	115	741	856
9월	140	4,105	4,245	257	2,913	3,170	106	703	809
10월	135	3,842	3,977	261	2,812	3,073	107	695	802
11월	170	3,783	3,953	227	2,766	2,993	117	761	878
12월	147	3,730	3,877	243	2,797	3,040	114	697	811

① 전체 승용차 수와 전체 승합차 수의 합이 가장 많은 달은 9월이고, 가장 적은 달은 2월이었다.
② 4월을 제외한 모든 달의 비영업용 승합차 수는 300만 대 미만이었다.
③ 전체 대형차 수 중 영업용 대형차 수의 비율은 모든 달에서 10% 이상이었다.
④ 영업용 승합차 수는 모든 달에서 영업용 대형차 수의 2배 이상이었다.
⑤ 승용차가 가장 많이 통과한 달의 전체 승용차 수에 대한 영업용 승용차 수의 비율은 3% 이상이었다.

| 한국전력공사(2024년)

20 A열차가 어떤 터널을 진입하고 5초 후 B열차가 같은 터널에 진입하였다. 이후 B열차가 먼저 터널을 빠져나왔고 5초 후 A열차가 터널을 빠져나왔다. A열차가 터널을 빠져나오는 데 걸린 시간이 14초일 때, B열차는 A열차보다 몇 배 빠른가?(단, A열차와 B열차 모두 속력의 변화는 없으며, 두 열차의 길이는 서로 같다)

① 2배
② 2.5배
③ 3배
④ 3.5배
⑤ 4배

| 한국전력공사(2024년)

21 A팀은 5일부터 5일마다 회의실을 사용하고, B팀은 4일부터 4일마다 회의실을 사용하기로 하였으며, 두 팀이 사용하고자 하는 날이 겹칠 경우에는 A, B팀이 번갈아가며 사용하기로 하였다. 어느 날 A팀과 B팀이 사용하고자 하는 날이 겹쳤을 때, 겹친 날을 기준으로 A팀이 9번, B팀이 8번 회의실을 사용했다면, 이때까지 A팀은 회의실을 최대 몇 번 이용하였는가?(단, 회의실 사용일이 첫 번째로 겹친 날에는 A팀이 먼저 사용하였으며, 회의실 사용일은 주말 및 공휴일도 포함한다)

① 61회
② 62회
③ 63회
④ 64회
⑤ 65회

| 건강보험심사평가원(2024년)

22 S공사는 2024년 상반기에 신입사원을 채용하였다. 전체 지원자 중 채용에 불합격한 남성의 수와 여성의 수는 같으며, 합격한 남성의 수와 여성의 수의 비율은 2 : 3이라고 한다. 전체 남성 지원자와 전체 여성 지원자의 비율이 6 : 7이고, 합격한 남성의 수가 32명이면 전체 지원자는 몇 명인가?

① 192명　　　　　　　　　　　② 200명
③ 208명　　　　　　　　　　　④ 216명

| 건강보험심사평가원(2024년)

23 다음은 직장가입자 보수월액보험료에 대한 자료이다. A씨가 〈조건〉에 따라 장기요양보험료를 납부할 때, A씨의 2023년 보수월액은?(단, 소수점 첫째 자리에서 반올림한다)

〈직장가입자 보수월액보험료〉

- 개요 : 보수월액보험료는 직장가입자의 보수월액에 보험료율을 곱하여 산정한 금액에 경감 등을 적용하여 부과한다.
- 보험료 산정 방법
  - 건강보험료는 다음과 같이 산정한다.
    (건강보험료)=(보수월액)×(건강보험료율)
    ※ 보수월액 : 동일사업장에서 당해 연도에 지급받은 보수총액을 근무월수로 나눈 금액
  - 장기요양보험료는 다음과 같이 산정한다.
    2022.12.31. 이전 : (장기요양보험료)=(건강보험료)×(장기요양보험료율)
    2023.01.01. 이후 : (장기요양보험료)=(건강보험료)× $\frac{(장기요양보험료율)}{(건강보험료율)}$

〈2020 ~ 2024년 보험료율〉

(단위 : %)

구분	2020년	2021년	2022년	2023년	2024년
건강보험료율	6.67	6.86	6.99	7.09	7.09
장기요양보험료율	10.25	11.52	12.27	0.9082	0.9182

조건
- A씨는 K공사에서 2011년 3월부터 2023년 9월까지 근무하였다.
- A씨는 3개월 후 2024년 1월부터 S공사에서 현재까지 근무하고 있다.
- A씨의 2023년 장기요양보험료는 35,120원이었다.

① 3,866,990원　　　　　　　　② 3,974,560원
③ 4,024,820원　　　　　　　　④ 4,135,970원

| 건강보험심사평가원(2024년)

24 다음과 같이 일정한 규칙으로 수를 나열할 때 빈칸에 들어갈 수로 옳은 것은?

• 6	13	8	8	144
• 7	11	7	4	122
• 8	9	6	2	100
• 9	7	5	1	( )

① 75 ② 79
③ 83 ④ 87

| 건강보험심사평가원(2024년)

25 두 주사위 A, B를 던져 나온 수를 각각 a, b라고 할 때, $a \neq b$일 확률은?

① $\frac{2}{3}$ ② $\frac{13}{18}$
③ $\frac{7}{9}$ ④ $\frac{5}{6}$

| 건강보험심사평가원(2024년)

26 어떤 상자 안에 빨간색 공 2개와 노란색 공 3개가 들어 있다. 이 상자에서 공 3개를 꺼낼 때, 빨간색 공 1개와 노란색 공 2개를 꺼낼 확률은?(단, 꺼낸 공은 다시 넣지 않는다)

① $\frac{1}{2}$ ② $\frac{3}{5}$
③ $\frac{2}{3}$ ④ $\frac{3}{4}$

| 건강보험심사평가원(2024년)

27 다음과 같이 둘레가 2,000m인 원형 산책로에서 오후 5시 정각에 A씨가 3km/h의 속력으로 산책로를 따라 걷기 시작했다. 30분 후 B씨는 A씨가 걸어간 반대 방향으로 7km/h의 속력으로 같은 산책로를 따라 달리기 시작했을 때, A씨와 B씨가 두 번째로 만날 때의 시각은?

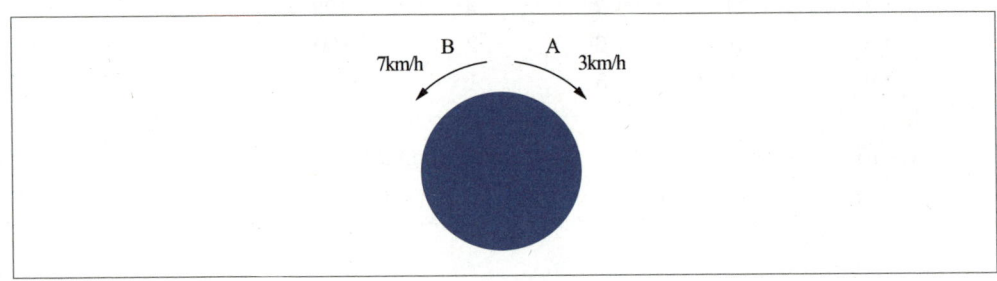

① 오후 6시 30분 ② 오후 6시 15분
③ 오후 6시   ④ 오후 5시 45분

| 국민건강보험공단(2024년)

28 다음은 2019 ~ 2023년 건강보험료 부과 금액 및 1인당 건강보험 급여비에 대한 자료이다. 이에 대한 설명으로 옳지 않은 것은?

〈건강보험료 부과 금액 및 1인당 건강보험 급여비〉

구분	2019년	2020년	2021년	2022년	2023년
건강보험료 부과 금액 (십억 원)	59,130	63,120	69,480	76,775	82,840
1인당 건강보험 급여비(원)	1,300,000	1,400,000	1,550,000	1,700,000	1,900,000

① 건강보험료 부과 금액과 1인당 건강보험 급여비는 모두 매년 증가하였다.
② 2020 ~ 2023년 동안 전년 대비 1인당 건강보험 급여비가 가장 크게 증가한 해는 2023년이다.
③ 2020 ~ 2023년 동안 전년 대비 건강보험료 부과 금액의 증가율은 항상 10% 미만이었다.
④ 2019년 대비 2023년의 1인당 건강보험 급여비는 40% 이상 증가하였다.

| 경기도 공공기관 통합채용(2024년)

29 영서가 어머니와 함께 40분 동안 만두를 60개 빚었다고 한다. 어머니가 혼자서 1시간 동안 만두를 빚을 수 있는 개수가 영서가 혼자서 1시간 동안 만두를 빚을 수 있는 개수보다 10개 더 많을 때, 영서는 혼자서 1시간 동안 만두를 몇 개 빚을 수 있는가?

① 30개　　　　　　　　　　② 35개
③ 40개　　　　　　　　　　④ 45개

| 경기도 공공기관 통합채용(2024년)

30 대칭수는 순서대로 읽은 수와 거꾸로 읽은 수가 같은 수를 가리키는 말이다. 예컨대 121, 303, 1,441, 85,058 등은 대칭수이다. 1,000 이상 50,000 미만의 대칭수는 모두 몇 개인가?

① 180개　　　　　　　　　　② 325개
③ 405개　　　　　　　　　　④ 490개

| 경기도 공공기관 통합채용(2024년)

31 어떤 자연수 '25□'가 3의 배수일 때, □에 들어갈 수 있는 모든 자연수의 합은?

① 12　　　　　　　　　　② 13
③ 14　　　　　　　　　　④ 15

32.

다음은 D기업의 분기별 재무제표에 대한 자료이다. 2022년 4분기의 영업이익률은 얼마인가?

⟨D기업 분기별 재무제표⟩

(단위 : 십억 원, %)

구분	2022년 1분기	2022년 2분기	2022년 3분기	2022년 4분기	2023년 1분기	2023년 2분기	2023년 3분기	2023년 4분기
매출액	40	50	80	60	60	100	150	160
매출원가	30	40	70	80	100	100	120	130
매출총이익	10	10	10	( )	−40	0	30	30
판관비	3	5	5	7	8	5	7.5	10
영업이익	7	5	5	( )	−8	−5	22.5	20
영업이익률	17.5	10	6.25	( )	−80	−5	15	12.5

※ (영업이익률)=(영업이익)÷(매출액)×100
※ (영업이익)=(매출총이익)−(판관비)
※ (매출총이익)=(매출액)−(매출원가)

① −30%
② −45%
③ −60%
④ −75%

33.

5km/h의 속력으로 움직이는 무빙워크를 이용하여 이동하는 데 36초가 걸렸다. 무빙워크 위에서 무빙워크와 같은 방향으로 4km/h의 속력으로 걸어 이동할 때 걸리는 시간은?

① 10초
② 15초
③ 20초
④ 25초

| 서울교통공사 9호선(2024년)

34 S편의점을 운영하는 P씨는 개인사정으로 이번 주 토요일 하루만 오전 10시부터 오후 8시까지 직원들을 대타로 고용할 예정이다. 직원 A~D의 시급과 근무 가능 시간이 다음과 같을 때, 가장 적은 인건비는 얼마인가?

<S편의점 직원 시급 및 근무 가능 시간>

구분	시급	근무 가능 시간
A직원	10,000원	오후 12:00 ~ 오후 5:00
B직원	10,500원	오전 10:00 ~ 오후 3:00
C직원	10,500원	오후 12:00 ~ 오후 6:00
D직원	11,000원	오후 12:00 ~ 오후 8:00

※ 추가 수당으로 시급의 1.5배를 지급함
※ 직원 1명당 근무시간은 최소 2시간 이상이어야 함

① 153,750원
② 155,250원
③ 156,000원
④ 157,500원
⑤ 159,000원

| 한국남동발전(2024년)

35 다음 10개의 수의 중앙값이 8일 때, 빈칸에 들어갈 수로 옳은 것은?

| 10 | ( ) | 6 | 9 | 9 | 7 | 8 | 7 | 10 | 7 |

① 6
② 7
③ 8
④ 9

36 1~200의 자연수 중에서 2, 3, 5 중 어느 것으로도 나누어떨어지지 않는 수는 모두 몇 개인가?

① 50개
② 54개
③ 58개
④ 62개

37 다음 그림과 같은 길의 A지점에서 출발하여 최단거리로 이동하여 B지점에 도착하는 경우의 수는?

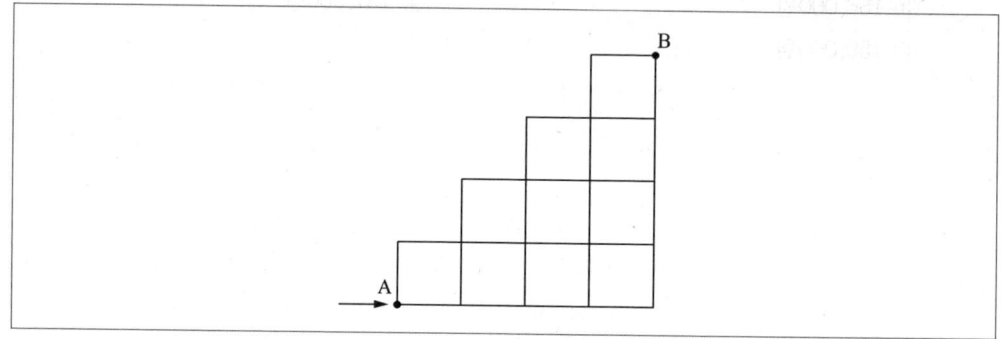

① 36가지
② 42가지
③ 48가지
④ 54가지

38 어떤 원형 시계가 4시 30분을 가리키고 있다. 이 시계의 시침과 분침이 만드는 작은 부채꼴의 넓이와 전체 원의 넓이의 비는 얼마인가?

① $\frac{1}{8}$
② $\frac{1}{6}$
③ $\frac{1}{4}$
④ $\frac{1}{2}$

| 한국수력원자력(2024년)

39 다음은 2019 ~ 2023년 발전설비별 발전량에 대한 자료이다. 이에 대한 설명으로 옳은 것은?

〈발전설비별 발전량〉

(단위 : GWh)

구분	수력	기력	원자력	신재생	기타	합계
2019년	7,270	248,584	133,505	28,070	153,218	570,647
2020년	6,247	232,128	145,910	33,500	145,255	563,040
2021년	7,148	200,895	160,184	38,224	145,711	552,162
2022년	6,737	202,657	158,015	41,886	167,515	576,810
2023년	7,256	199,031	176,054	49,285	162,774	594,400

① 2020 ~ 2023년 동안 기력 설비 발전량과 전체 설비 발전량의 전년 대비 증감 추이는 같다.
② 2019 ~ 2023년 동안 수력 설비 발전량은 항상 전체 설비 발전량의 1% 미만이다.
③ 2019 ~ 2023년 동안 신재생 설비 발전량은 항상 전체 설비 발전량의 5% 이상이다.
④ 2020 ~ 2023년 동안 원자력 설비 발전량과 신재생 설비의 발전량은 전년 대비 꾸준히 증가하였다.
⑤ 2020 ~ 2023년 동안 전년 대비 전체 설비 발전량의 증가량이 가장 많은 해와 신재생 설비 발전량의 증가량이 가장 적은 해는 같다.

| 한국산업인력공단 6급(2024년)

40 다음은 2024년 상반기 자격증 유형별 시험 접수자, 응시자, 합격자에 대한 자료이다. 이에 대한 설명으로 옳은 것은?

〈자격증 유형별 시험 접수·응시·합격자 수〉

(단위 : 명)

구분	접수자	응시자	합격자
컴퓨터활용능력	24,000	18,000	9,000
전기기능사	18,750	15,000	7,200
산업안전기사	12,000	9,000	4,500
제과기능사	15,000	12,000	9,600
조리기능사	13,750	11,000	6,600

① 조리기능사는 접수자 대비 응시자 비율이 80% 미만이다.
② 제과기능사는 응시자 대비 합격률이 가장 높고, 접수자 대비 합격률도 가장 높다.
③ 전기기능사는 산업안전기사보다 접수자 수는 많지만 응시자 수는 더 적다.
④ 산업안전기사의 응시율은 조리기능사의 응시율보다 높다.
⑤ 컴퓨터활용능력은 접수자 수에 비해 실제 시험 응시 비율이 가장 높다.

CHAPTER 02

2025~2024년 수리능력 기출복원문제 정답 및 해설

01	02	03	04	05	06	07	08	09	10	11	12	13	14	15	16	17	18	19	20
①	⑤	⑤	③	④	③	③	④	④	③	①	③	④	⑤	②	①	③	③	④	④
21	22	23	24	25	26	27	28	29	30	31	32	33	34	35	36	37	38	39	40
③	③	①	②	④	②	④	③	③	④	④	②	③	③	③	②	②	①	⑤	②

01

정답 ①

먼저 1부터 6까지 숫자를 사용하여 4자리 수의 조합을 계산하면 $6^4=1,296$가지이다. 조건에 따라 중복된 숫자는 최대 2번 사용할 수 있으므로 같은 숫자가 3번 이상 사용된 경우를 제외해야 한다.

- 같은 숫자가 4번 사용된 경우는 6가지이다(1111, 2222, 3333, 4444, 5555, 6666).
- 같은 숫자가 3번 사용된 경우는 aaab, aaba, abaa, baaa 4가지 경우가 있고, a에 가능한 수는 6가지, b에 가능한 수는 a를 제외한 5가지이므로 $4\times6\times5=120$가지이다.

따라서 조건을 만족하는 4자리 비밀번호는 총 $1,296-(6+120)=1,170$가지이다.

02

정답 ⑤

C역 하차 인원은 출근시간대 400명, 퇴근시간대 2,150명이므로 $2,150\div400=5.375$배이다. 따라서 퇴근시간대 하차 인원은 출근시간대 하차 인원의 5배 이상이다. A역은 출근시간대를 제외하고 하차 인원이 탑승 인원보다 더 많다.

오답분석

① A역은 출근시간대를 제외하고 하차 인원이 탑승 인원보다 더 많다.
② B역의 탑승 인원은 점심시간대에 530명, 퇴근시간대에 420명으로 점심시간대에 탑승 인원이 더 많다.
③ A역의 출근시간대는 탑승 1,150명, 하차 350명으로 탑승 인원이 더 많다.
④ B역의 하차 인원 증가 폭은 $1,480-870=610$명, A역의 하차 인원 증가 폭은 $1,250-350=900$명이므로 B역의 증가 폭이 더 작다.

03

정답 ⑤

조건에 따라 직원들의 100m 완주 시간을 구하면 다음과 같다.

- A : 13.0초
- B : $13.0-0.5=12.5$초
- C : $12.5+0.4=12.9$초
- D : $12.9-0.2=12.7$초
- E : $12.7+0.3=13.0$초
- F : $13.0-0.1=12.9$초
- G : $13.0+1.0=14.0$초

그러므로 가장 빠른 직원은 B, 가장 느린 직원은 G이다. 둘의 속력을 구하면 다음과 같다.

- B의 속력 : $\frac{100}{12.5}=8.00\text{m/s}$
- G의 속력 : $\frac{100}{14.0}=7.14\text{m/s}(\because$ 소수점 둘째 자리까지 계산$)$

따라서 B와 G의 속력 차이의 절댓값은 8.00−7.14=0.86m/s이다.

04   정답 ③

KTX와 SRT 둘 다 이용한 고객 수를 x명이라 하면 KTX만 이용한 고객은 $(36-x)$명, SRT만 이용한 고객은 $(42-x)$명이므로 식을 세우면 다음과 같다.
$(36-x)+(42-x)+x=60$
→ $78-x=60$
∴ $x=18$
따라서 KTX와 SRT를 모두 이용한 고객은 18명이므로 SRT만 이용한 고객의 수는 42−18=24명이다.

05   정답 ④

산사태 피해면적은 2022년이 210ha로 조사연도 중 최대이며, 복구비용도 2022년이 112억 원으로 최대치이다. 따라서 산사태 피해면적과 복구비용이 모두 높았던 해는 2022년이다.

오답분석
① 2022년의 피해면적 1ha당 복구비용은 약 0.533억 원이고, 2021년의 피해면적 1ha당 복구비용은 약 0.513억 원이다. 따라서 피해면적 대비 복구비용이 가장 높은 연도는 2022년이다.
② 연도별 복구비용은 2021년과 2023년에 감소하였다.
③ 연도별 피해면적 1ha당 복구비용을 구하면 다음과 같다.
  - 2019년 : 65÷130=0.5억 원/ha
  - 2020년 : 98÷190≒0.516억 원/ha
  - 2021년 : 82÷160≒0.513억 원/ha
  - 2022년 : 112÷210≒0.533억 원/ha
  - 2023년 : 93÷175≒0.531억 원/ha
  매년 소폭의 변화가 있으므로 피해면적 1ha당 복구비용은 매년 일정하게 유지되지 않았다.
⑤ 2023년은 피해면적과 복구비용 모두 전년보다 감소하였다.

06   정답 ③

농도가 15%인 소금물 200g의 소금의 양은 $200\times\frac{15}{100}=30$g이고, 농도가 20%인 소금물 300g의 소금의 양은 $300\times\frac{20}{100}=60$g이다.
따라서 두 소금물을 섞었을 때의 농도는 $\frac{30+60}{200+300}\times100=\frac{90}{500}\times100=18$%이다.

07   정답 ③

동성끼리 인접하지 않는 경우는 남직원과 여직원이 번갈아 앉는 경우뿐이다. 이때 여직원 D의 자리를 기준으로 남직원 B가 옆에 앉는 경우를 다음과 같이 나눌 수 있다.
- 첫 번째, 여섯 번째 자리에 여직원 D가 앉는 경우
  남직원 B가 여직원 D 옆에 앉는 경우는 1가지뿐으로, 남은 자리에 남직원, 여직원이 번갈아 앉아 경우의 수는 $2\times1\times2!\times2!=8$가지이다.

• 두 번째, 세 번째, 네 번째, 다섯 번째 자리에 여직원 D가 앉는 경우
 각 경우에 대하여 남직원 B가 여직원 D 옆에 앉는 경우는 2가지이다. 남은 자리에 남직원, 여직원이 번갈아 앉으므로 경우의 수는 4×2×2!×2!=32가지이다.
따라서 구하고자 하는 경우의 수는 8+32=40가지이다.

08
정답 ④

제시된 수열은 홀수 항일 때 +12, +24, +48, …이고, 짝수 항일 때 +20인 수열이다.
따라서 빈칸에 들어갈 수는 13+48=61이다.

09
정답 ④

2022년에 중학교에서 고등학교로 진학한 학생의 비율은 99.7%이고, 2023년에 중학교에서 고등학교로 진학한 학생의 비율은 99.6%이다. 따라서 진학한 비율이 감소하였으므로 중학교에서 고등학교로 진학하지 않은 학생의 비율은 증가하였음을 알 수 있다.

[오답분석]
① 중학교의 취학률이 가장 낮은 해는 97.1%인 2020년이다. 이는 97% 이상이므로 중학교의 취학률은 매년 97% 이상이다.
② 매년 초등학교의 취학률이 가장 높다.
③ 고등교육기관의 취학률은 2020년 이후로 계속해서 70% 이상을 기록하였다.
⑤ 고등교육기관의 취학률이 가장 낮은 해는 2016년이고, 고등학교의 상급학교 진학률이 가장 낮은 해 또한 2016년이다.

10
정답 ③

[오답분석]
① B기업의 매출액이 가장 많은 때는 2024년 3월이지만, 그래프에서는 2024년 4월의 매출액이 가장 많은 것으로 나타났다.
② 2024년 2월에는 A기업의 매출이 더 많지만, 그래프에서는 B기업이 더 많은 것으로 나타났다.
④ A기업의 매출액이 가장 적은 때는 2024년 4월이지만, 그래프에서는 2024년 3월의 매출액이 가장 적은 것으로 나타났다.
⑤ A기업과 B기업의 매출액의 차이가 가장 큰 때는 2024년 1월이지만, 그래프에서는 2024년 5월과 6월의 매출액 차이가 더 큰 것으로 나타났다.

11
정답 ①

$865 \times 865 + 865 \times 270 + 135 \times 138 - 405$
$= 865 \times 865 + 865 \times 270 + 135 \times 138 - 135 \times 3$
$= 865 \times (865 + 270) + 135 \times (138 - 3)$
$= 865 \times 1,135 + 135 \times 135$
$= 865 \times (1,000 + 135) + 135 \times 135$
$= 865 \times 1,000 + (865 + 135) \times 135$
$= 865,000 + 135,000$
$= 1,000,000$
따라서 식을 계산하여 나온 수의 백의 자리는 0, 십의 자리는 0, 일의 자리는 0이다.

12

정답 ③

터널의 길이를 xm라 하면 다음과 같은 식이 성립한다.

$$\frac{x+200}{60} : \frac{x+300}{90} = 10 : 7$$

$$\frac{x+300}{90} \times 10 = \frac{x+200}{60} \times 7$$

→ $600(x+300) = 630(x+200)$
→ $30x = 54,000$
∴ $x = 1,800$

따라서 터널의 길이는 1,800m이다.

13

정답 ④

나열된 수의 규칙은 (첫 번째 수)×[(두 번째 수)−(세 번째 수)]=(네 번째 수)이다.
따라서 빈칸에 들어갈 수는 9×(16−9)=63이다.

14

정답 ⑤

제시된 수열은 +3, +5, +7, +9, …씩 증가하는 수열이다.
따라서 빈칸에 들어갈 수는 97+21=118이다.

15

정답 ②

A반과 B반 모두 2번의 경기를 거쳐 결승에서 만나는 경우는 다음과 같다.

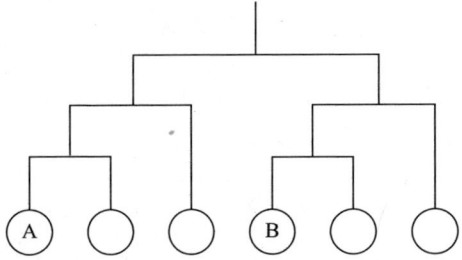

이때 남은 4개의 반을 배치할 때마다 모두 다른 경기가 진행되므로 구하고자 하는 경우의 수는 4!=24가지이다.

16

정답 ①

방사형 그래프는 여러 평가 항목에 대하여 중심이 같고 크기가 다양한 원 또는 다각형을 도입하여 구역을 나누고, 각 항목에 대한 도수 등을 부여하여 점을 찍은 후 그 점끼리 이어 생성된 다각형으로 자료를 분석할 수 있다. 따라서 방사형 그래프인 ①을 사용하면 항목별 균형을 쉽게 파악할 수 있다.

17

정답 ③

첫 번째 조건에 따라 ①, ②는 70대 이상에서 도시의 여가생활 만족도(1.7점)가 같은 연령대의 농촌(ㄹ) 만족도(3.5점)보다 낮으므로 제외되고, 두 번째 조건에 따라 도시에서 10대의 여가생활 만족도는 농촌에서 10대(1.8점)의 2배보다 높으므로 1.8×2=3.6점을 초과해야 하나 ④는 도시에서 10대(ㄱ)의 여가생활 만족도가 3.5점이므로 제외된다. 또한, 세 번째 조건에 따라 ⑤는 도시에서 여가생활 만족도가 가장 높은 연령대인 40대(3.9점)보다 30대(ㄴ)가 4.0점으로 높으므로 제외된다.
따라서 마지막 조건까지 만족하는 것은 ③이다.

18

정답 ③

가격을 10,000원 인상할 때 판매량은 (10,000−160)개이고, 20,000원 인상할 때 판매량은 (10,000−320)개이다. 또한, 가격을 10,000원 인하할 때 판매량은 (10,000+160)개이고, 20,000원 인하할 때 판매량은 (10,000+320)개이다. 그러므로 가격이 (500,000+10,000x)원일 때 판매량은 (10,000−160x)개이므로, 총 판매금액을 y원이라 하면 (500,000+10,000x)×(10,000−160x)원이 된다.

y는 x에 대한 이차식이므로 이를 표준형으로 표현하면 다음과 같다.

$y = (500{,}000 + 10{,}000x) \times (10{,}000 - 160x)$
  $= -1{,}600{,}000 \times (x+50) \times (x-62.5)$
  $= -1{,}600{,}000 \times (x^2 - 12.5x - 3{,}125)$
  $= -1{,}600{,}000 \times \left(x - \dfrac{25}{4}\right)^2 + 1{,}600{,}000 \times \left(\dfrac{25}{4}\right)^2 + 1{,}600{,}000 \times 3{,}125$

$x = \dfrac{25}{4}$일 때 총 판매금액이 최대이지만 가격은 10,000원 단위로만 변경할 수 있으므로 $\dfrac{25}{4}$와 가장 가까운 자연수인 $x=6$일 때 총 판매금액이 최대가 된다. 따라서 제품의 가격은 500,000+10,000×6=560,000원이다.

19

정답 ④

3월의 경우 K톨게이트를 통과한 영업용 승합차 수는 229천 대이고, 영업용 대형차 수는 139천 대이다. 139×2=278>229이므로 3월의 영업용 승합차 수는 영업용 대형차 수의 2배 미만이다.
따라서 모든 달에서 영업용 승합차 수는 영업용 대형차 수의 2배 이상이 아니므로 옳지 않은 설명이다.

[오답분석]
① 각 달의 전체 승용차 수와 전체 승합차 수의 합은 다음과 같다.
　• 1월 : 3,807+3,125=6,932천 대
　• 2월 : 3,555+2,708=6,263천 대
　• 3월 : 4,063+2,973=7,036천 대
　• 4월 : 4,017+3,308=7,325천 대
　• 5월 : 4,228+2,670=6,898천 대
　• 6월 : 4,053+2,893=6,946천 대
　• 7월 : 3,908+2,958=6,866천 대
　• 8월 : 4,193+3,123=7,316천 대
　• 9월 : 4,245+3,170=7,415천 대
　• 10월 : 3,977+3,073=7,050천 대
　• 11월 : 3,953+2,993=6,946천 대
　• 12월 : 3,877+3,040=6,917천 대
따라서 전체 승용차 수와 승합차 수의 합이 가장 많은 달은 9월이고, 가장 적은 달은 2월이다.
② 비영업용 승합차가 가장 많이 통과한 달인 4월을 제외한 모든 달의 비영업용 승합차 수는 3,000천 대=3,000×1,000=3,000,000대 미만이다.
③ 모든 달에서 (영업용 대형차 수)×10≥(전체 대형차 수)이므로 영업용 대형차 수의 비율은 모든 달에서 전체 대형차 수의 10% 이상이다.
⑤ 승용차가 가장 많이 통과한 달은 9월이고, 이때 영업용 승용차 수의 비율은 9월 전체 승용차 수의 $\dfrac{140}{4{,}245} \times 100 \fallingdotseq 3.3\%$로 3% 이상이다.

20

정답 ④

A열차의 속력을 V_a, B열차의 속력을 V_b라 하고, 터널의 길이를 l, 열차의 전체 길이를 x라 하자.

A열차가 터널을 진입하고 빠져나오는 데 걸린 시간은 $\frac{l+x}{V_a}$=14초이다. B열차가 A열차보다 5초 늦게 진입하고 5초 빠르게 빠져나왔으므로 터널을 진입하고 빠져나오는 데 걸린 시간은 14-5-5=4초이다. 그러므로 $\frac{l+x}{V_b}$=4초이다.

같은 거리를 A열차는 14초, B열차는 4초가 걸렸으므로 B열차는 A열차보다 3.5배 빠르다.

21

정답 ③

A팀은 5일마다, B팀은 4일마다 회의실을 사용하므로 두 팀이 회의실을 사용하고자 하는 날은 20일마다 겹친다. 첫 번째 겹친 날에 A팀이 먼저 사용했으므로 20일 동안 A팀이 회의실을 사용한 횟수는 4회이다. 두 번째 겹친 날에는 B팀이 사용하므로 40일 동안 A팀이 회의실을 사용한 횟수는 7회이고, 세 번째로 겹친 날에는 A팀이 회의실을 사용하므로 60일 동안 A팀은 회의실을 11회 사용하였다. 이를 표로 정리하면 다음과 같다.

겹친 횟수	첫 번째	두 번째	세 번째	네 번째	다섯 번째	…	$(n-1)$번째	n번째
회의실 사용 팀	A팀	B팀	A팀	B팀	A팀	…	A팀	B팀
A팀의 회의실 사용 횟수	4회	7회	11회	14회	18회	…		

겹친 날을 기준으로 A팀은 9회, B팀은 8회를 사용하였으므로 다음으로는 B팀이 회의실을 사용할 순서이다. 이때, B팀이 m번째로 회의실을 사용할 순서라면 A팀이 이때까지 회의실을 사용한 횟수는 $7m$회이다. 따라서 B팀이 겹친 날을 기준으로 회의실을 8회까지 사용하였고, 9번째로 사용할 순서이므로 이때까지 A팀이 회의실을 사용한 횟수는 최대 7×9=63회이다.

22

정답 ③

합격자 중 남성과 여성의 비율이 2:3이므로 남성 합격자는 32명, 여성 합격자는 48명이다. 불합격한 사람의 수는 남성과 여성이 같으므로 남성 지원자의 수는 $(32+a)$명, 여성 지원자의 수는 $(48+a)$명이다.
전체 지원자 수의 비율이 6:7이므로 a를 구하는 식은 다음과 같다.
$(32+a):(48+a)=6:7$
→ $7\times(32+a)=6\times(48+a)$
→ $224+7a=288+6a$
→ $7a-6a=288-224$
∴ $a=64$
따라서 전체 지원자는 $(32+64)+(48+64)$=208명이다.

23

정답 ①

A씨는 2023년에는 9개월 동안 K공사에 근무하였다. (건강보험료)=(보수월액)×(건강보험료율)이고, 2023년 1월 1일 이후 (장기요양보험료)=(건강보험료)×$\frac{(장기요양보험료율)}{(건강보험료율)}$이므로 (장기요양보험료)=(보수월액)×(건강보험료율)×$\frac{(장기요양보험료율)}{(건강보험료율)}$이다.

그러므로 (보수월액)=$\frac{(장기요양보험료)}{(장기요양보험료율)}$이다.

따라서 A씨의 2023년 장기요양보험료는 35,120원이므로 보수월액=$\frac{35,120}{0.9082\%}=\frac{35,120}{0.9082}\times100$≒3,866,990원이다.

24

정답 ②

나열된 수의 규칙은 [(첫 번째 수)+(두 번째 수)]×(세 번째 수)−(네 번째 수)=(다섯 번째 수)이다.
따라서 빈칸에 들어갈 수는 (9+7)×5−1=79이다.

25

정답 ④

두 주사위 A, B를 던져 나온 수를 각각 a, b라 할 때, 가능한 순서쌍 (a, b)의 경우의 수는 6×6=36가지이다.
이때 $a=b$의 경우의 수는 (1, 1), (2, 2), (3, 3), (4, 4), (5, 5), (6, 6)으로 6가지이므로 $a \neq b$의 경우의 수는 36−6=30가지이다.
따라서 $a \neq b$일 확률은 $\frac{30}{36} = \frac{5}{6}$이다.

26

정답 ②

$$\frac{(\text{빨간색 공 2개 중 1개를 뽑는 경우의 수})\times(\text{노란색 공 3개 중 2개를 뽑는 경우의 수})}{(\text{전체 공 5개 중 3개를 뽑는 경우의 수})} = \frac{{}_2C_1 \times {}_3C_2}{{}_5C_3} = \frac{2 \times 3}{\frac{5 \times 4 \times 3}{3 \times 2 \times 1}} = \frac{3}{5}$$

27

정답 ④

A씨와 B씨가 만날 때 A씨의 이동거리와 B씨의 이동거리의 합은 산책로의 둘레와 같다.
그러므로 두 번째 만났을 때 (A씨의 이동거리)+(B씨의 이동거리)=2×(산책로의 둘레)이다. 이때 A씨가 출발 후 x시간이 지났다면 다음 식이 성립한다.

$$3x + 7\left(x - \frac{1}{2}\right) = 4$$
$$\rightarrow 3x + 7x - \frac{7}{2} = 4$$
$$\therefore x = \frac{15}{20}$$

그러므로 A씨가 출발 후 $\frac{15}{20}$시간, 즉 45분이 지났음을 알 수 있다.
따라서 A씨와 B씨가 두 번째로 만날 때의 시각은 오후 5시 45분이다.

28

정답 ③

2021년의 건강보험료 부과 금액은 전년 대비 69,480−63,120=6,360십억 원 증가하였다. 이는 2020년 건강보험료 부과 금액의 10%인 63,120×0.1=6,312십억 원보다 크므로 2021년의 건강보험료 부과 금액은 전년 대비 10% 이상 증가하였음을 알 수 있다. 2022년 또한 76,775−69,480=7,295십억 > 69,480×0.1=6,948십억 원이므로 건강보험료 부과 금액은 전년 대비 10% 이상 증가하였다.

오답분석

① 제시된 자료를 통해 확인할 수 있다.
② 연도별 전년 대비 1인당 건강보험 급여비 증가액을 구하면 다음과 같다.
 • 2020년 : 1,400,000−1,300,000=100,000원
 • 2021년 : 1,550,000−1,400,000=150,000원
 • 2022년 : 1,700,000−1,550,000=150,000원
 • 2023년 : 1,900,000−1,700,000=200,000원
 따라서 1인당 건강보험 급여비가 전년 대비 가장 크게 증가한 해는 2023년이다.
④ 2019년 대비 2023년의 1인당 건강보험 급여비 증가율은 $\frac{1,900,000 - 1,300,000}{1,300,000} \times 100 = 46\%$이므로 40% 이상 증가하였다.

29

정답 ③

영서가 1시간 동안 빚을 수 있는 만두의 수를 x개, 어머니가 1시간 동안 빚을 수 있는 만두의 수를 y개라 할 때 다음 식이 성립한다.

$\frac{2}{3}(x+y)=60 \cdots \textcircled{\scriptsize ㄱ}$

$y=x+10 \cdots \textcircled{\scriptsize ㄴ}$

$\textcircled{\scriptsize ㄱ} \times \frac{3}{2}$에 $\textcircled{\scriptsize ㄴ}$을 대입하면

$x+(x+10)=90$

→ $2x=80$

∴ $x=40$

따라서 영서는 혼자서 1시간 동안 40개의 만두를 빚을 수 있다.

30

정답 ④

• 1,000 이상 10,000 미만인 경우
  맨 앞과 맨 뒤의 수가 같은 경우는 1~9의 수가 올 수 있으므로 9가지이고, 각각의 경우에 따라 두 번째 수와 네 번째 수로 0~9의 수가 올 수 있으므로 경우의 수는 10가지이다. 그러므로 모든 네 자리 대칭수의 개수는 9×10=90개이다.
• 10,000 이상 50,000 미만인 경우
  맨 앞과 맨 뒤의 수가 같은 경우는 1, 2, 3, 4의 수가 올 수 있으므로 4가지이고, 각각의 경우에 따라 두 번째 수와 네 번째 수로 0~9의 수가 올 수 있으므로 경우의 수는 10가지, 그 각각의 경우에 따라 세 번째에 올 수 있는 수 또한 0~9의 수가 올 수 있으므로 경우의 수는 10가지이다. 그러므로 10,000~50,000 사이의 대칭수의 개수는 4×10×10=400개이다.

따라서 1,000 이상 50,000 미만의 모든 대칭수의 개수는 90+400=490개이다.

31

정답 ④

어떤 자연수의 모든 자릿수의 합이 3의 배수일 때, 그 자연수는 3의 배수이다. 그러므로 2+5+□의 값이 3의 배수일 때, 25□는 3의 배수이다. 2+5=7이므로, 7+□의 값이 3의 배수가 되도록 하는 □의 값은 2, 5, 8이다.
따라서 가능한 모든 수의 합은 2+5+8=15이다.

32

정답 ②

(영업이익률)=$\frac{(영업이익)}{(매출액)} \times 100$이고, 영업이익을 구하기 위해서는 매출총이익을 먼저 계산해야 한다. 2022년 4분기의 매출총이익은 60-80=-20십억 원이고, 영업이익은 -20-7=-27십억 원이므로 영업이익률=$-\frac{27}{60} \times 100 = -45\%$이다.

33

정답 ③

무빙워크의 길이를 $x$km라고 하자. 5km/h의 속력으로 움직이는 무빙워크에서 이동하는 데 36초가 걸렸으므로 무빙워크의 길이는 $x=36 \times \frac{5}{3,600}=0.05$km이다.

무빙워크 위에서 4km/h로 걸을 때의 속력은 5+4=9km/h이므로 이동하는 데 걸리는 시간은 $\frac{0.05}{9}$시간이다. 이를 초 단위로 변경하면 1시간은 3,600초이므로 $\frac{0.05}{9} \times 3,600=20$초이다.

따라서 무빙워크 위에서 같은 방향으로 4km/h의 속력으로 걸어서 이동할 때 걸리는 시간은 20초이다.

34

정답 ③

오전 10시부터 오후 12시까지 근무를 할 수 있는 사람은 B뿐이고, 오후 6시부터 오후 8시까지 근무를 할 수 있는 사람은 D뿐이다. A와 C가 남은 오후 12시부터 오후 6시까지 나누어 근무해야 하지만, A는 오후 5시까지 근무할 수 있고 모든 직원의 최소 근무시간은 2시간이므로 A가 오후 12시부터 4시까지 근무하고, C가 오후 4시부터 오후 6시까지 근무할 때 인건비가 최소이다.
각 직원의 근무시간과 인건비를 정리하면 다음과 같다.

구분	근무시간	인건비
B직원	오전 10:00 ~ 오후 12:00	10,500×1.5×2=31,500원
A직원	오후 12:00 ~ 오후 4:00	10,000×1.5×4=60,000원
C직원	오후 4:00 ~ 오후 6:00	10,500×1.5×2=31,500원
D직원	오후 6:00 ~ 오후 8:00	11,000×1.5×2=33,000원

따라서 가장 적은 인건비는 31,500+60,000+31,500+33,000=156,000원이다.

35

정답 ③

나열된 수는 짝수 개이므로 수를 작은 수부터 순서대로 나열했을 때, 가운데에 있는 두 수의 평균이 중앙값이다.

- 빈칸의 수가 7 이하인 경우 : 가운데에 있는 두 수는 7, 8이므로 중앙값은 $\frac{7+8}{2}=7.5$이다.
- 빈칸의 수가 8인 경우 : 가운데에 있는 두 수는 8, 8이므로 중앙값은 8이다.
- 빈칸의 수가 9 이상인 경우 : 가운데에 있는 두 수는 8, 9이므로 중앙값은 $\frac{8+9}{2}=8.5$이다.

따라서 중앙값이 8일 때 빈칸에 들어갈 수는 8이다.

36

정답 ②

1~200의 자연수 중에서 2, 3, 5 중 어느 것으로도 나누어떨어지지 않는 수의 개수는 각각 2의 배수, 3의 배수, 5의 배수가 아닌 수의 개수이다.

- 1~200의 자연수 중 2의 배수의 개수 : $\frac{200}{2}=100$이므로 100개이다.
- 1~200의 자연수 중 3의 배수의 개수 : $\frac{200}{3}=66\cdots2$이므로 66개이다.
- 1~200의 자연수 중 5의 배수의 개수 : $\frac{200}{5}=40$이므로 40개이다.
- 1~200의 자연수 중 6의 배수의 개수 : $\frac{200}{6}=33\cdots2$이므로 33개이다.
- 1~200의 자연수 중 10의 배수의 개수 : $\frac{200}{10}=20$이므로 20개이다.
- 1~200의 자연수 중 15의 배수의 개수 : $\frac{200}{15}=13\cdots5$이므로 13개이다.
- 1~200의 자연수 중 30의 배수의 개수 : $\frac{200}{30}=6\cdots20$이므로 6개이다.

따라서 1~200의 자연수 중에서 2, 3, 5 중 어느 것으로도 나누어떨어지지 않는 수의 개수는 200-[(100+66+40)-(33+20+13)+6]=200-(206-66+6)=54개이다.

37

정답 ②

A지점에서 출발하여 최단거리로 이동하여 B지점에 도착하기까지 가능한 경로의 수를 구하면 다음과 같다.

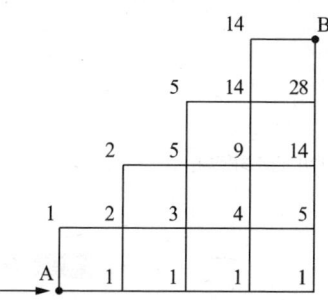

따라서 구하고자 하는 경우의 수는 42가지이다.

38

정답 ①

분침은 60분에 1바퀴 회전하므로 1분 지날 때 분침은 $\frac{360}{60}=6°$ 움직이고, 시침은 12시간에 1바퀴 회전하므로 1분 지날 때 시침은 $\frac{360}{12\times60}=0.5°$ 움직인다.

따라서 4시 30분일 때 시침과 분침이 만드는 작은 부채꼴의 각도는 $6\times30-0.5\times(60\times4+30)=180-135=45°$이므로, 부채꼴의 넓이와 전체 원의 넓이의 비는 $\frac{45}{360}=\frac{1}{8}$ 이다.

39

정답 ⑤

2020 ~ 2023년 동안 전년 대비 전체 설비 발전량 증감량과 신재생 설비 발전 증가량은 다음과 같다.
- 2020년
  전체 설비 발전량 : $563,040-570,647=-7,607$GWh, 신재생 설비 발전량 : $33,500-28,070=5,430$GWh
- 2021년
  전체 설비 발전량 : $552,162-563,040=-10,878$GWh, 신재생 설비 발전량 : $38,224-33,500=4,724$GWh
- 2022년
  전체 설비 발전량 : $576,810-552,162=24,648$GWh, 신재생 설비 발전량 : $41,886-38,224=3,662$GWh
- 2023년
  전체 설비 발전량 : $594,400-576,810=17,590$GWh, 신재생 설비 발전량 : $49,285-41,886=7,399$GWh

따라서 전체 설비 발전량 증가량이 가장 많은 해는 2022년이고, 신재생 설비 발전량 증가량이 가장 적은 해 또한 2022년이다.

[오답분석]
① 2020 ~ 2023년 기력 설비 발전량의 전년 대비 증감 추이는 '감소 – 감소 – 증가 – 감소'이지만, 전체 설비 발전량의 전년 대비 증감 추이는 '감소 – 감소 – 증가 – 증가'이다.
② 2019 ~ 2023년 전체 설비 발전량의 1%와 수력 설비 발전량을 비교하면 다음과 같다.
- 2019년 : $7,270 > 570,647\times0.01 ≒ 5,706$GWh
- 2020년 : $6,247 > 563,040\times0.01 ≒ 5,630$GWh
- 2021년 : $7,148 > 552,162\times0.01 ≒ 5,522$GWh
- 2022년 : $6,737 > 576,810\times0.01 ≒ 5,768$GWh
- 2023년 : $7,256 > 594,400\times0.01 ≒ 5,944$GWh

따라서 2019 ~ 2023년 동안 수력 설비 발전량은 항상 전체 설비 발전량의 1% 이상이다.

③ 2019~2023년 전체 설비 발전량의 5%와 신재생 설비 발전량을 비교하면 다음과 같다.
- 2019년 : 28,070 < 570,647×0.05 ≒ 28,532GWh
- 2020년 : 33,500 > 563,040×0.05 ≒ 28,152GWh
- 2021년 : 38,224 > 552,162×0.05 ≒ 27,608GWh
- 2022년 : 41,886 > 576,810×0.05 ≒ 28,841GWh
- 2023년 : 49,285 > 594,400×0.05 = 29,720GWh

따라서 2019년 신재생 설비 발전량은 전체 설비 발전량의 5% 미만이고, 그 외에는 5% 이상이다.
④ 신재생 설비 발전량은 꾸준히 증가하였지만 원자력 설비 발전량은 2022년에 전년 대비 감소하였다.

40

정답 ②

자격증별 접수·응시자 대비 합격률은 다음과 같다.

구분	접수자 대비 합격률	응시자 대비 합격률
컴퓨터활용능력	9,000÷24,000×100=37.5%	9,000÷18,000×100=50%
전기기능사	7,200÷18,750×100=38.4%	7,200÷15,000×100=48%
산업안전기사	4,500÷12,000×100=37.5%	4,500÷9,000×100=50%
제과기능사	9,600÷15,000×100=64%	9,600÷12,000×100=80%
조리기능사	6,600÷13,750×100=48%	6,600÷11,000×100=60%

따라서 제과기능사는 응시자 대비 합격률과 접수자 대비 합격률 모두 가장 높다.

오답분석

① 조리기능사의 응시율은 $\frac{11,000}{13,750} \times 100 = 80\%$이다.

③ 전기기능사의 접수자는 18,750명, 응시자는 15,000명이다. 반면 산업안전기사의 접수자는 12,000명, 응시자는 9,000명이다. 따라서 전기기능사가 접수자와 응시자 모두 더 많다.

④ 산업안전기사의 응시율은 $\frac{9,000}{12,000} \times 100 = 75\%$이므로, 조리기능사의 응시율인 80%보다 낮다.

⑤ 컴퓨터활용능력의 응시율은 $\frac{18,000}{24,000} \times 100 = 75\%$이지만, 제과기능사의 응시율은 $\frac{12,000}{15,000} \times 100 = 80\%$이므로 제과기능사보다 낮다.

PART 1

기초연산과 수리추리능력

TOPIC 01 | 농도의 계산

01 유형의 이해

농도란 액체와 같은 용액을 구성하는 성분이 어느 정도의 양을 차지하고 있는지를 나타내는 수치를 말하며, 용액이 얼마나 진하고 묽은지를 수치적으로 나타내는 방법이다. 통상 퍼센트(%)나 ppm(mg/L)을 주로 사용하며, 수리능력에서는 소금물 등의 농도를 이용한 계산 문제로 출제되는 편이다. 특히 방정식 유형과 결합하여 단순 계산의 형태가 대부분을 차지한다.

02 개념 익히기

① $[소금물의\ 농도(\%)] = \dfrac{(소금의\ 양)}{(소금물의\ 양)} \times 100$

② $(소금의\ 양) = \dfrac{[소금물의\ 농도(\%)]}{100} \times (소금물의\ 양)$

대표예제

농도가 10%인 A소금물 200g과 농도가 20%인 B소금물 300g이 있다. A소금물에는 ag의 물을 첨가하고, B소금물은 bg의 물을 버렸다. 늘어난 A소금물과 줄어든 B소금물을 합친 결과, 농도가 10%인 500g의 소금물이 되었을 때, A소금물에 첨가한 물의 양은 몇 g인가?

① 100g
② 120g
③ 150g
④ 180g
⑤ 200g

정답 해설

A소금물에 첨가한 물의 양을 ag, 버린 B소금물의 양을 bg이라 가정하자.
늘어난 A소금물과 줄어든 B소금물을 합친 소금물의 양은 500g이고, 농도는 10%라고 하였으므로 다음 식이 성립한다.
$(200+a)+(300-b)=500 \rightarrow a-b=0 \cdots$ ㉠
$(200\times0.1)+(300-b)\times0.2=500\times0.1 \rightarrow 20+60-0.2b=50 \rightarrow 0.2b=30 \rightarrow b=150 \cdots$ ㉡
㉡을 ㉠에 대입하면 $a=150$이므로 A소금물에 첨가한 물의 양은 150g이다.

정답 ③

| 문제 1 |

농도가 10%인 소금물 200g에 농도가 15%인 소금물을 섞어서 농도가 13%인 소금물을 만들려고 한다. 이때, 농도가 15%인 소금물은 몇 g이 필요한가?

① 150g
② 200g
③ 250g
④ 300g
⑤ 350g

정답 해설

농도가 15%인 소금물의 양을 xg이라고 가정하고, 소금의 양에 대한 방정식을 세우면 다음과 같다.
$0.1 \times 200 + 0.15 \times x = 0.13 \times (200 + x)$
→ $20 + 0.15x = 26 + 0.13x$
→ $0.02x = 6$
∴ $x = 300$
따라서 농도가 15%인 소금물은 300g이 필요하다.

정답 ④

| 문제 2 |

A씨는 25% 농도의 코코아 700mL를 마셨다. A씨가 마신 코코아에 들어간 코코아 분말의 양은 얼마인가? (단, 1mL=1g이다)

① 170g
② 175g
③ 180g
④ 185g
⑤ 190g

정답 해설

용질이 녹아있는 용액의 농도는 다음과 같이 구한다.

(농도) = $\frac{(용질의 양)}{(용액의 양)} \times 100$

코코아 용액은 700mL이고 농도는 25%이므로, 코코아 분말의 양은 700×0.25=175g이다.
따라서 A씨가 마신 코코아에는 코코아 분말이 175g 들어 있음을 알 수 있다.

정답 ②

| 문제 3 |

농도 8%의 설탕물 300g에서 설탕물을 조금 퍼내고 퍼낸 설탕물만큼의 물을 부은 후, 농도 4%의 설탕물을 섞어 농도가 6%인 설탕물 400g을 만들었다. 이때, 처음 퍼낸 설탕물의 양은 몇 g인가?

① 30g
② 35g
③ 40g
④ 45g
⑤ 50g

정답 해설

처음 퍼낸 설탕물의 양을 xg이라 하자.
(농도 4% 설탕물의 양)=$400-(300-x)+x=100$g
(설탕의 양)=$\frac{(농도)}{100}\times$(설탕물의 양)이므로 다음 식이 성립한다.
$\frac{8}{100}\times(300-x)+\frac{4}{100}\times 100=\frac{6}{100}\times 400$
→ $2,400-8x+400=2,400$
→ $8x=400$
∴ $x=50$
따라서 처음 퍼낸 설탕물의 양은 50g이다.

정답 ⑤

| 문제 4 |

농도 5%의 소금물 900g을 A, B 두 개의 컵에 각각 600g, 300g씩 나누어 담은 후, A컵에는 소금을 넣고, B컵은 100g의 물을 증발시켜 농도를 같게 하려고 한다. 이때, A컵에 넣어야 할 소금의 양은?

① $\frac{500}{37}$ g
② $\frac{600}{37}$ g
③ $\frac{500}{33}$ g
④ $\frac{500}{31}$ g
⑤ $\frac{600}{31}$ g

정답 해설

- A컵에 들어있는 소금의 양 : $\frac{5}{100} \times 600 = 30$g
- B컵에 들어있는 소금의 양 : $\frac{5}{100} \times 300 = 15$g

A컵에 넣어야 할 소금의 양을 xg이라 하면 다음 식이 성립한다.

$\frac{30+x}{600+x} \times 100 = \frac{15}{300-100} \times 100$

→ $200(30+x) = 15(600+x)$
→ $185x = 3,000$
∴ $x = \frac{600}{37}$

따라서 A컵에 넣어야 할 소금의 양은 $\frac{600}{37}$g이다.

정답 ②

TOPIC 02 | 면적과 용량, 부피

01 유형의 이해

과거에 자주 출제되었던 유형이지만 최근에는 출제비중이 현격하게 낮아졌다. 하지만 단순하게 공식만 숙지하고 있으면 절대로 틀릴 수 없는 유형이니만큼 이번에 확실하게 기억해 두자.

02 개념 익히기

(1) 삼각형의 넓이 : (밑변)×(높이)÷2

직각삼각형	정삼각형
(밑변)×(높이)÷2	$\dfrac{\sqrt{3}}{4}a^2$

(2) 사각형의 넓이 : (밑변)×(높이)

사다리꼴	평행사변형	직사각형	마름모	정사각형
[(윗변)+(아랫변)]×(높이)÷2	(밑변)×(높이)	(밑변)×(높이)	(두 대각선의 곱)÷2	a^2

(3) 입체도형

구분	정육면체	직육면체	원기둥
겉넓이	$6a^2$	$2(ab+bc+ca)$	$2\pi r(r+h)$
부피	a^3	$a \times b \times c$	$\pi r^2 h$
예시	(정육면체 그림, 한 변 a)	(직육면체 그림, 가로 a, 세로 b, 높이 c)	(원기둥 그림, 반지름 r, 높이 h)

대표예제

K공사 T사원은 퇴근 후 취미생활로 목재공방에서 직육면체 모양의 정리함을 만드는 수업을 수강한다. 완성될 정리함의 크기는 가로 28cm이고, 세로 길이와 높이의 합은 27cm라고 한다. 정리함의 부피가 5,040cm³일 때, 정리함의 세로 길이는 얼마인가?(단, 높이가 세로 길이보다 길다)

① 12cm
② 13cm
③ 14cm
④ 15cm
⑤ 16cm

정답 | 해설

정리함의 세로 길이를 $a$cm라고 할 때, 부피에 대한 식을 정리하면 다음과 같다.
$28 \times a \times (27-a) = 5,040$
→ $-a^2 + 27a = 180$
→ $(a-12)(a-15) = 0$
따라서 a는 12cm 또는 15cm이다.
이때 높이가 세로 길이보다 길다고 하였으므로 세로 길이는 12cm임을 알 수 있다.

정답 ①

| 문제 1 |

K씨는 다음 〈조건〉에 따라 주전자에 물을 채우려고 한다. 물을 담는 데 걸리는 시간은 몇 초인가?(단, 개수대의 수돗물만을 사용한다)

조건
- 주전자의 용량은 1.7L이다.
- 개수대의 수돗물은 1초에 34mL가 나온다.
- 주전자의 $\frac{1}{5}$ 은 비워 둔다.

① 10초　　　　　　　　　　② 20초
③ 30초　　　　　　　　　　④ 40초
⑤ 50초

정답　해설

첫 번째 조건에서 주전자의 용량은 1.7L라고 하였고, 세 번째 조건에서 주전자의 $\frac{1}{5}$ 은 비워 둔다고 하였으므로 K씨가 담는 물의 양은 $1.7 \times \frac{4}{5} = 1.36L=1,360$mL이다. 두 번째 조건에서 개수대의 수돗물은 1초에 34mL가 나온다고 하였으므로 물을 담는 데 걸리는 시간은 $\frac{1,360}{34} = 40$초임을 알 수 있다.

정답 ④

| 문제 2 |

다음과 같은 건물에 페인트칠을 하면, 1m²당 200원의 인건비가 든다. B씨가 바닥을 제외한 모든 면에 페인트칠을 할 때, 받는 인건비는 얼마인가?(단, 길이의 단위는 m이다)

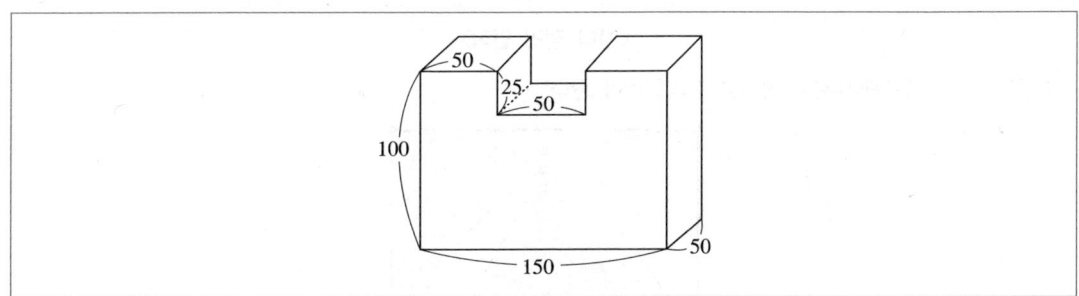

① 950만 원
② 1,050만 원
③ 1,150만 원
④ 1,250만 원
⑤ 1,350만 원

정답 해설

윗부분의 직육면체로 파인 세 면까지 페인트칠을 하게 되므로 가로 150m, 세로 50m, 높이 100m인 직육면체의 겉넓이에서 바닥의 넓이만 제하면 된다. 따라서 페인트칠을 할 건물의 겉넓이는 [(100×150)+(100×50)]×2+150×50=47,500m²이고, 1m²당 200원이므로 B씨가 받는 인건비는 47,500×200=9,500,000원이다.

정답 ①

| 문제 3 |

경영지원부의 김부장은 사내 소프트볼 대회에 앞서 소프트볼 구장의 잔디 정리를 하려고 한다. 소프트볼 구장에 대한 정보가 다음과 같을 때, 잔디 정리를 해야 할 면적은 얼마인가?

〈잔디 정리 면적〉

다음 그림의 색칠된 부분의 잔디를 정리하여야 한다.

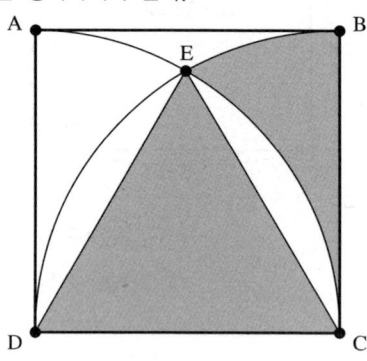

〈소프트볼 구장〉

- 소프트볼 구장은 가로, 세로가 12인 정사각형 모양이다.
- 점 E는 각각 점 C, D에서 부채꼴 모양을 그린 뒤 두 호가 만나는 지점이다.

① $72\sqrt{3} - 12\pi$ ② $72\sqrt{3} - 11\pi$
③ $36\sqrt{3} - 12\pi$ ④ $36\sqrt{3} - 11\pi$
⑤ $36\sqrt{3} - 10\pi$

정답 해설

색칠된 부분의 넓이를 구하기 위해서는 △CDE와 부채꼴 BCE의 넓이, 그리고 둘 사이의 색칠되지 않은 부분의 넓이를 알아야 한다.

- △CDE의 넓이 : $\dfrac{\sqrt{3}}{4} \times 12^2 = 36\sqrt{3}$ (∵ 정삼각형의 넓이 공식)

- 부채꼴 BCE의 넓이 : $12^2 \pi \times \dfrac{30°}{360°} = 12\pi$

- [색칠되지 않은 부분(EC)의 넓이] = (부채꼴 CDE의 넓이) − (△CDE의 넓이) = $12^2 \pi \times \dfrac{60°}{360°} = 24\pi - 36\sqrt{3}$

∴ (색칠된 부분의 넓이) = $36\sqrt{3} + 12\pi - (24\pi - 36\sqrt{3}) = 72\sqrt{3} - 12\pi$

정답 ①

| 문제 4 |

승호가 다음과 같이 빗변의 길이가 40m인 직각삼각형 모양의 울타리로 강아지 보금자리를 만들 때, 강아지 보금자리 넓이의 최댓값은?

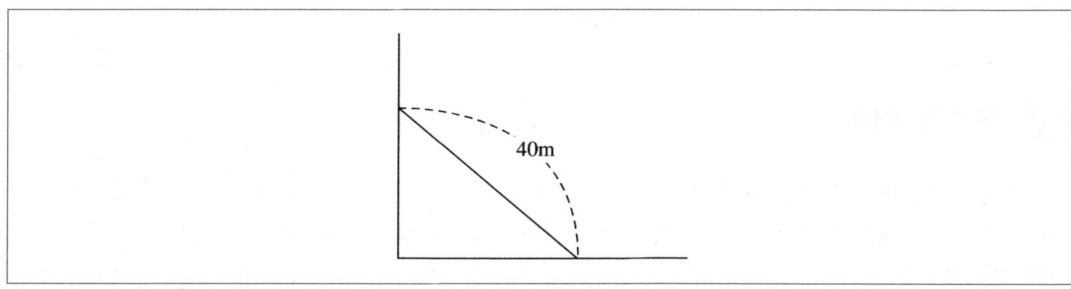

① 350m²
② 400m²
③ 450m²
④ 500m²
⑤ 550m²

정답 해설

피타고라스의 법칙을 이용하여 밑변을 am, 높이를 bm라고 가정하면 다음과 같은 식이 성립한다.
$\sqrt{a^2+b^2}=40 \rightarrow a^2+b^2=1,600$
또한 직각삼각형 넓이의 최댓값 $\frac{a \times b}{2}$m²을 구하기 위해 산술기하평균 $A+B \geq 2\sqrt{AB}$을 이용하면 다음과 같은 식이 성립한다.
$a^2+b^2 \geq 2\sqrt{a^2 \times b^2}$
$\rightarrow \frac{1,600}{2} \geq a \times b$
$\therefore a \times b \leq 800$
따라서 강아지 보금자리 넓이의 최댓값은 $a=b$일 때, $\frac{a \times b}{2} = \frac{800}{2} = 400$m²이다.

정답 ②

TOPIC 03 | 거리, 속력, 시간

01 유형의 이해

속도 측정을 이용한 속도 자체를 묻기보다는 속도를 이용해 소요시간 내지는 출발시각 혹은 이동거리를 구하는 유형이 주로 출제되고 있다. 최근에는 등장인물이 2명인 문제, 즉 이들이 동일한 지점을 통과한다는 전제하에 어느 한 사람의 출발시각 등을 구하는 종합 스타일의 문제도 종종 출제되고 있다. 단순히 계산을 요구하는 것이 아니라 수리적인 추리를 요하는 것들이 많은 만큼 평소 다양한 문제들을 통해 익숙해지는 것이 중요하다.

02 개념 익히기

거리를 s, 속력을 v, 시간을 t라 할 때,

① $v = \dfrac{s}{t}$ 로 계산할 수 있다.

② 이를 변형하면 $s = vt$, $t = \dfrac{s}{v}$ 와 같은 식을 얻을 수 있다.

대표예제

지하철 환승구간에는 0.6m/s로 움직이는 무빙워크가 반대 방향으로 2대가 설치되어 있다. A씨는 0.8m/s로 무빙워크를 타고 걸어가고, B씨는 반대 방향인 무빙워크를 타고 걸어가고 있다. A씨와 B씨가 같은 지점에서 서로 반대 방향으로 걸어갈 경우, B씨가 무빙워크를 타고 걸어갈 때와 타지 않고 걸어갈 때의 30초 후 A씨와 B씨의 멀어진 거리 차이는 몇 m인가?(단, 각자 무빙워크와 같은 방향으로 걸어가고 있다)

① 15m
② 16m
③ 17m
④ 18m
⑤ 19m

정답 해설

A씨가 오른쪽으로 걷는 속력이 0.8m/s이고, B씨가 왼쪽으로 걷는 속력을 xm/s라고 하자. 같은 지점에서 반대 방향으로 걸어가는 두 사람의 30초 후 거리는 각자 움직인 거리의 합이다. B씨가 무빙워크를 탈 때와 타지 않을 때의 A씨와 B씨의 멀어진 거리를 각각 구하면 다음과 같다.

- B씨가 무빙워크를 탈 때
  $(0.6+0.8) \times 30 + (0.6+x) \times 30 = 42 + 18 + 30x = (60+30x)$m
- B씨가 무빙워크를 타지 않을 때
  $(0.6+0.8) \times 30 + x \times 30 = (42+30x)$m

따라서 B씨가 무빙워크를 탈 때와 타지 않을 때의 A씨와 B씨의 멀어진 거리 차이는 $(60+30x)-(42+30x)=18$m이다.

정답 ④

| 문제 1 |

영희는 집에서 50km 떨어진 할머니 댁에 가는데, 시속 90km로 버스를 타고 가다가 내려서 시속 5km로 걸어갔더니, 총 1시간 30분이 걸렸다. 영희가 걸어간 거리는 몇 km인가?

① 5km
② 10km
③ 13km
④ 20km
⑤ 22km

정답 해설

영희가 걸어간 거리를 $x$km, 버스를 타고 간 거리를 $y$km라고 하면 다음 식이 성립한다.
$x+y=50 \cdots$ ㉠
$\dfrac{x}{5}+\dfrac{y}{90}=\dfrac{3}{2} \cdots$ ㉡
㉠과 ㉡을 연립하면 $x=5$, $y=45$이다.
따라서 영희가 걸어간 거리는 5km이다.

정답 ①

| 문제 2 |

김대리는 대전으로, 이대리는 부산으로 출장을 간다. 출장에서의 업무가 끝난 후 김대리와 이대리는 K지점에서 만나기로 하였다. 다음 〈조건〉을 참고하여 김대리와 이대리가 같은 시간에 K지점으로 출발했을 때, 이대리는 시속 몇 km로 이동했는가?

> **조건**
> - 대전과 부산의 거리는 500km이다.
> - 김대리는 시속 80km로 이동했다.
> - 대전에서 200km 떨어진 지점인 K지점에서 만나기로 하였다.
> - 이대리의 속력은 김대리보다 빠르다.
> - 이대리는 김대리보다 4시간 30분 늦게 K지점에 도착했다.
> - 대전, K지점, 부산은 일직선상에 있다.

① 80km ② 90km
③ 100km ④ 110km
⑤ 120km

정답 해설

두 번째, 세 번째 조건에 따라 김대리는 시속 80km로 대전에서 200km 떨어진 K지점으로 이동했으므로 소요시간은 $\frac{200}{80}=2.5$시간이다. 이때, K지점의 위치는 두 가지 경우로 나눌 수 있다.

1) K지점이 대전과 부산 사이에 있어 부산에서 300km 떨어진 지점인 경우
 이대리가 이동한 거리는 300km이며, 소요시간은 김대리보다 4시간 30분(=4.5시간) 늦게 도착하여 2.5+4.5=7시간이다. 이대리의 속력은 시속 $\frac{300}{7}≒42.9$km로 김대리의 속력보다 느리므로 네 번째 조건과 맞지 않는다.

2) K지점이 대전에서 부산 방향의 반대 방향으로 200km 떨어진 지점인 경우
 부산에서 K지점까지의 거리는 200+500=700km이다. 이대리는 시속 $\frac{700}{7}=100$km로 이동했고, 시속 80km로 이동한 김대리의 속력보다 빠르므로 네 번째 조건에 부합한다.

따라서 이대리는 시속 100km로 이동하였다.

정답 ③

문제 3

동원이는 보트를 타고 강의 B지점에서 A지점까지 왕복하려고 한다. B지점에서 A지점으로 올라가는 도중 보트의 엔진이 정지해서 24분간 보트를 수리했다. 수리를 끝마친 후 마저 올라갔다가, A지점에서 24분을 쉬고, 다시 B지점로 내려오는 데 총 5시간 30분이 걸렸다. 보트를 수리하는 시간을 포함하여 올라가는 데 걸린 시간이 내려오는 데 걸린 시간의 2.4배였다면, 흐르지 않는 물에서 보트의 속력은 얼마인가?(단, 물은 A지점에서 B지점으로 흐르며, 속력은 5km/h이다)

① 10km/h
② 15km/h
③ 20km/h
④ 25km/h
⑤ 30km/h

정답 해설

B지점에서 A지점으로 올라가는 데 걸린 시간을 $2.4x$시간이라 하면, 내려오는 데 걸린 시간은 x시간이다.

$2.4x + x + \dfrac{24}{60} = 5 + \dfrac{30}{60}$

→ $24x + 10x + 4 = 50 + 5$
→ $34x = 51$
∴ $x = 1.5$

그러므로 올라가는 데 걸린 시간은 $2.4 \times 1.5 = 3.6$시간이고, 내려오는 데 걸린 시간은 1.5시간이다.
A지점에서 B지점까지의 거리를 $a$km, 흐르지 않는 물에서 보트의 속력을 $b$km/h라 하면 다음 식이 성립한다.
$1.5 \times (b+5) = a$ → $1.5b + 7.5 = a$ … ㉠
정지한 보트는 0.4시간 동안 물에 의해 떠내려가므로
$3.2 \times (b-5) = a + 5 \times 0.4$ → $3.2b - 18 = a$ … ㉡
㉠, ㉡을 연립하면
$1.5b + 7.5 = 3.2b - 18$
→ $1.7b = 25.5$
∴ $b = 15$
따라서 흐르지 않는 물에서 보트의 속력은 15km/h이다.

정답 ②

| 문제 4 |

둘레가 2,100m인 연못의 둘레를 형은 매분 80m의 속력으로, 동생은 매분 60m의 속력으로 돌고 있다. 어느 한 지점에서 서로 반대 방향으로 동시에 출발하였을 때, 형과 동생이 두 번째로 만나는 것은 몇 분 후인가?

① 11분 후
② 18분 후
③ 25분 후
④ 30분 후
⑤ 37분 후

정답 해설

두 사람이 출발한 지 x분 후에 두 번째로 만난다고 하면 형이 걸은 거리는 $80x$m이고, 동생이 걸은 거리는 $60x$m이다.
두 번째 만났을 때 두 사람이 걸은 거리의 합은 연못의 길이의 2배이므로 (형이 걸은 거리)+(동생이 걸은 거리)=2×(연못의 둘레의 길이)이다.
$80x+60x=2\times2,100$
→ $140x=4,200$
∴ $x=30$
따라서 형과 동생이 두 번째로 만나는 시간은 30분 후이다.

정답 ④

TOPIC 04 | 최대공약수와 최소공배수, 소인수분해

01 유형의 이해

최대공약수와 최소공배수는 복수의 대상이 일정한 규칙이나 조건을 만족해야 하는 상황에서 자주 사용된다. 여러 개의 막대를 최대한 길게 똑같이 자르는 경우나, 여러 명에게 물건을 최대한 공평하게 나누는 경우에는 최대공약수를 구해야 하고, 일정한 간격으로 운행하는 여러 대의 버스가 동시에 출발하는 시각을 구하는 경우에는 최소공배수를 구해야 한다. 즉, 최대공약수는 '최대로 묶을 수 있는 단위'에 해당하고, 최소공배수는 '여러 주기가 다시 일치하는 시점'에 해당한다. 제시된 문제에서 이와 같은 형태가 등장한다면, 사용해야 할 개념이 최대공약수인지, 최소공배수인지 구분하여 사용해야 한다. 다음으로 소인수분해가 필요한 상황 중 대표적인 경우는 어떤 수치가 복수 항목의 곱으로 이루어진 경우이다. 예를 들어, 100=(A시의 인구)×(B시의 인구)와 같이 주어졌을 때, 가능한 경우의 수를 따지는 것이 대표적이다.

02 개념 익히기

(1) 최대공약수

① **약수** : 어떤 수를 나누어 떨어지게 하는 수이다.
② **공약수** : 두 개 이상의 자연수의 공통인 약수이다.
③ **서로소** : 공약수가 1밖에 없는 두 자연수이다.
④ **최대공약수** : 공약수 중에서 가장 큰 수이다.
⑤ **최대공약수의 특징** : 두 개 이상의 자연수의 공약수는 그 수들의 최대공약수의 약수이다.
   예 두 자연수 a, b의 최대공약수가 20일 때, a와 b의 공약수는 20의 약수인 1, 2, 4, 5, 10, 20이다.
⑥ **최대공약수를 구하는 방법**
   - 소인수분해를 이용하는 방법 : 각 수를 소인수분해한 뒤 공통인 소인수 중 지수가 작거나 같은 것을 택하여 곱한다.
   - 나눗셈을 이용하는 방법 : 각 수를 공통인 소인수로 나누어 이 소인수들을 모두 곱한다.
   예 12와 18의 최대공약수를 구할 때

   - 소인수분해를 이용하는 방법
     $12 = 2^2 \times 3$
     $18 = 2 \times 3^2$
     ⇨ 12와 18의 최대공약수 : $2 \times 3 = 6$

   - 나눗셈을 이용하는 방법
     2) 12 18
     3) 6   9
          2   3
     ⇨ 12와 18의 최대공약수 : $2 \times 3 = 6$

(2) 최소공배수

① 배수 : 어떤 수를 1배, 2배, 3배, … 한 수이다.
② 공배수 : 두 개 이상의 자연수의 공통인 배수이다.
③ 최소공배수 : 공배수 중에서 가장 작은 수이다.
④ 최소공배수의 특징 : 두 개 이상의 자연수의 공배수는 그 수들의 최소공배수의 배수이다.
　[예] 두 자연수 a, b의 최소공배수가 8일 때, a와 b의 공배수는 8의 배수인 8, 16, 24, 32, …이다.
⑤ 최소공배수를 구하는 방법
　- 소인수분해를 이용하는 방법 : 각 수를 소인수분해한 뒤 공통인 소인수 중 지수가 크거나 같은 것을 택하여 곱한다.
　- 나눗셈을 이용하는 방법 : 각 수를 공통인 소인수로 나누어 이 소인수와 나머지를 모두 곱한다.
　[예] 12와 18의 최소공배수를 구할 때

- 소인수분해를 이용하는 방법
　$12 = 2^2 \times 3$
　$18 = 2 \times 3^2$

　⇨ 12와 18의 최소공배수 : $2^2 \times 3^2 = 36$

- 나눗셈을 이용하는 방법

```
2 ) 12  18
3 )  6   9
     2   3
```

　⇨ 12와 18의 최소공배수 : $2 \times 3 \times 2 \times 3 = 36$

(3) 소인수분해

① 소수(Prime Number)
자연수 중에서 약수의 개수가 2개인 수, 즉 1보다 큰 자연수 중에서 1과 자기 자신만을 약수로 가지는 수를 소수라고 한다.
　[예] 2, 3, 5, 7, …

② 합성수(Composite Number)
자연수 중에서 약수의 개수가 3 이상인 수, 즉 1보다 큰 자연수 중에서 소수가 아닌 수를 합성수라고 한다. 단, 1은 소수도 합성수도 아니다.
　[예] 4, 6, 8, 9, …

③ 소인수분해
　㉠ 소인수 : 소수인 인수를 말한다.
　㉡ 소인수분해 : 자연수를 소수의 곱으로 나타낸 것을 소인수분해라고 한다. 일반적으로 소인수분해를 한 결과는 작은 소인수부터 나타내며, 같은 소인수의 곱은 거듭제곱 꼴로 나타낸다.
　㉢ 소인수분해의 두 가지 방법
　　- 소수가 나올 때까지 두 수로 나누는 방법

[예]
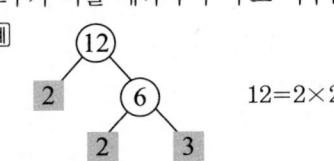
　　$12 = 2 \times 2 \times 3 = 2^2 \times 3$

　　- 나눗셈을 이용하는 방법

[예]
```
2 ) 12
2 )  6
     3
```
　　$12 = 2 \times 2 \times 3 = 2^2 \times 3$

대표예제

컴퓨터 부품을 만드는 K공장에는 A~C 세 개의 생산라인이 있다. A라인은 10시간 동안 가동되다가 2시간 동안 멈추고, B라인은 12시간 동안 가동되다가 3시간 동안 멈추며, C라인은 13시간 동안 가동되다가 3시간 동안 멈춘다. 세 개의 생산라인이 동시에 작동된 후 다시 동시에 작동될 때까지 걸리는 시간은?

① 120시간 ② 150시간
③ 180시간 ④ 210시간
⑤ 240시간

정답 해설

- (가동주기)=(가동시간)+(정지시간)
- (동시에 작동될 때까지 걸리는 시간)=(생산라인별 가동주기의 최소공배수)

세 개의 생산라인의 가동주기를 구하면 다음과 같다.
- A라인 : 10+2=12시간
- B라인 : 12+3=15시간
- C라인 : 13+3=16시간

세 개의 생산라인이 동시에 작동된 후 다시 동시에 작동될 때까지 걸리는 시간은 12, 15, 16의 최소공배수이다.
따라서 $12=2^2 \times 3$, $15=3 \times 5$, $16=2^4$이므로 다시 동시에 작동될 때까지 걸리는 시간은 $2^4 \times 3 \times 5=240$시간이다.

정답 ⑤

| 문제 1 |

다음은 A~C버스의 배차간격과 첫차 출발시각에 대한 정보이다. 첫차가 출발한 이후 세 버스가 다시 동시에 출발하는 시각은 언제인가?

〈정보〉
- A버스는 배차간격이 8분이다.
- B버스는 배차간격이 15분이다.
- C버스는 배차간격이 12분이다.
- 세 버스의 첫차 출발시각은 오전 4시 50분으로 동일하다.

① 오전 5시 40분
② 오전 5시 55분
③ 오전 6시 30분
④ 오전 6시 50분
⑤ 오전 7시 10분

정답 해설

세 버스는 각 배차간격의 공배수마다 동시에 출발한다. 그러므로 세 버스의 첫차 출발시각 이후 동시에 출발하는 시각은 8분, 15분, 12분의 최소공배수이다. $8=2^3$, $15=3\times5$, $12=2^2\times3$이므로 최소공배수는 $2^3\times3\times5=120$이다. 따라서 세 버스는 첫차 출발시각인 오전 4시 50분에서 120분, 즉 2시간 후인 오전 6시 50분에 다시 같이 출발한다.

정답 ④

| 문제 2 |

다음 〈조건〉을 통해 유추할 수 있는 乙의 나이로 가능한 것은?

조건

- 甲과 乙은 부부이고, a는 甲의 동생이며, b, c는 아들과 딸이다.
- 甲은 乙과 동갑이거나 나이가 많다.
- a, b, c 나이의 곱은 2,450이다.
- a, b, c 나이의 합은 46이다.
- a는 19~34세 중 하나이다.
- 甲과 乙의 나이의 합은 아들과 딸의 나이의 합의 4배이다.

① 46세
② 45세
③ 44세
④ 43세
⑤ 42세

정답 해설

조건에서 a, b, c의 나이를 식으로 표현하면 $a \times b \times c = 2,450$, $a+b+c = 46$이다.
세 명의 나이의 곱을 소인수분해하면 $a \times b \times c = 2,450 = 2 \times 5^2 \times 7^2$이다.
2,450의 약수 중에서 19~34세에 해당하는 나이를 구하면 25세이므로 甲의 동생 a는 25세가 된다.
그러므로 아들과 딸 나이의 합은 $b+c = 21$세이다.
따라서 甲과 乙 나이의 합은 $21 \times 4 = 84$세가 되며, 甲은 乙보다 연상이거나 동갑이라고 했으므로 乙의 나이는 42세 이하이다.

정답 ⑤

| 문제 3 |

K회사는 사옥 옥상 정원에 있는 가로 644cm, 세로 476cm인 직사각형 모양의 뜰 가장자리에 조명을 설치하려고 한다. 네 모퉁이에는 반드시 조명을 설치하고, 일정한 간격으로 조명을 추가 배열하려고 할 때, 필요한 조명의 최소 개수는?(단, 조명의 크기는 고려하지 않는다)

① 68개
② 72개
③ 76개
④ 80개
⑤ 84개

정답 해설

644와 476을 소인수분해하면 다음과 같다.
$644 = 2^2 \times 7 \times 23$
$476 = 2^2 \times 7 \times 17$
644와 476의 최대공약수는 $2^2 \times 7 = 28$이므로 28m 간격으로 조명을 설치해야 한다.
이때 직사각형의 가로 한 변에 설치할 수 있는 조명의 개수를 구하면 $644 \div 28 + 1 = 23 + 1 = 24$개이다.
직사각형의 세로 한 변에 설치할 수 있는 조명의 개수를 구하면 $476 \div 28 + 1 = 17 + 1 = 18$개이다.
따라서 조명의 최소 설치 개수를 구하면 $(24 + 18) \times 2 - 4 = 84 - 4 = 80$개이다.

정답 ④

TOPIC 05 | 방정식

01 유형의 이해

실제 시험장에서 만나게 되는 유형은 문제를 어떠한 산식으로 구성한 후, 그중 미지수로 주어져 있는 하나의 값을 구하게 하는 유형이다. 때문에 사실상 모든 형태의 문제들과 결합이 가능하다고 봐도 무방하다. 다만, 수리능력에서는 시간의 제약으로 인해 일차방정식의 형태가 주로 출제되고 있다.

02 개념 익히기

(1) **등식** : 등호(=)를 사용하여 두 수나 두 식이 같음을 나타낸 식이다.

(2) **등식의 성질**

> $a = b$일 때
> - $b = a$ (좌변과 우변을 바꾸어도 성립)
> - $a + c = b + c$ (양변에 같은 수를 더해도 성립)
> - $a - c = b - c$ (양변에 같은 수를 빼도 성립)
> - $a \times c = b \times c$ (양변에 같은 수를 곱해도 성립)
> - $\dfrac{a}{c} = \dfrac{b}{c}$ (단, $c \neq 0$) (양변에 0이 아닌 같은 수로 나누어도 성립)

(3) **방정식** : x의 값에 따라 참이 되기도 하고 거짓이 되기도 하는 등식을 말한다.

(4) **일차방정식**
  ① 일차방정식의 정의 : 방정식의 우변의 항을 모두 좌변으로 이항하여 '(일차식)=0'의 모양으로 정리할 수 있는 방정식을 말한다.

② 일차방정식의 풀이

예 $2x - \dfrac{4}{7} = \dfrac{2}{7}(5x+4)$

ⅰ) 계수가 분수나 소수면 정수로 고친다.	양변에 7을 곱하면 $14x-4=2(5x+4)$
ⅱ) 괄호가 있으면 괄호를 풀고 정리한다.	$14x-4=10x+8$
ⅲ) x를 포함한 항은 좌변으로, 상수항은 우변으로 이항한다.	$14x-10x=8+4$
ⅳ) 양변을 정리하여 $ax=b\ (a\neq 0)$의 꼴로 고친다.	$4x=12$
ⅴ) x의 계수로 양변을 나눈다.	$x=\dfrac{12}{4}=3$

대표예제

매년 수입이 4,000만 원인 A씨의 소득 공제 금액이 작년에는 수입의 5%였고, 올해는 수입의 10%로 늘었다. 작년 대비 올해 증가한 소비 금액은 얼마인가?(단, 소비 금액은 천 원 단위에서 반올림한다)

〈소비 금액별 소득 공제 비율〉

구분	공제 적용 비율
1,200만 원 이하	6%
1,200만 원 초과 4,600만 원 이하	72만 원+1,200만 원 초과금×15%

① 1,334만 원
② 1,350만 원
③ 1,412만 원
④ 1,436만 원
⑤ 1,455만 원

정답 해설

작년과 올해 공제받은 금액의 1,200만 원 초과금을 각각 x, y만 원이라 하고 공제받은 총금액에 대한 방정식으로 x, y를 구하면 다음과 같다.

- 작년 : $72+0.15\times x=4{,}000\times 0.05 \rightarrow 0.15\times x=200-72 \rightarrow x=\dfrac{128}{0.15}\fallingdotseq 853$
- 올해 : $72+0.15\times y=4{,}000\times 0.1 \rightarrow 0.15\times y=400-72 \rightarrow y=\dfrac{328}{0.15}\fallingdotseq 2{,}187$

따라서 작년 대비 올해 증가한 소비 금액은 $(2{,}187+1{,}200)-(853+1{,}200)=1{,}334$만 원이다.

정답 ①

| 문제 1 |

K공사는 올해 하반기 공채를 통해 신입사원을 뽑았다. 올해 상반기 퇴직자로 인해, 신입사원을 뽑았음에도 남자 직원은 전년 대비 5% 감소했고, 여자 직원은 전년 대비 10% 증가했다. K공사의 전체 직원 수는 전년 대비 4명 증가하여, 284명의 직원이 근무하고 있다. 올해 하반기 공채 이후 남자 직원은 몇 명인가?

① 120명
② 132명
③ 152명
④ 156명
⑤ 160명

정답 해설

K공사의 작년 전체 직원 수는 284-4=280명이다.
작년 남자 직원 수를 x명이라고 하면 작년 여자 직원 수는 $(280-x)$명이다.
$-0.05x+0.1(280-x)=4$
→ $-5x+10(280-x)=400$
→ $15x=2,400$
∴ $x=160$
따라서 올해 하반기 공채 이후 남자 직원 수는 $160\times(1-0.05)=152$명이다.

정답 ③

문제 2

다음은 K공사의 사원 월급과 사원수에 대한 정보이다. 이를 참고하여 구한 K공사의 사원수와 사원 월급 총액이 바르게 짝지어진 것은?(단, 월급 총액은 K공사가 사원 모두에게 주는 한 달 월급의 합을 말한다)

〈정보〉
- 사원은 모두 동일한 월급을 받는다.
- 사원이 10명 더 늘어나면, 기존 월급보다 100만 원 적어지고, 월급 총액은 기존의 80%가 된다.
- 사원이 20명 줄어들면, 월급은 기존과 동일하고, 월급 총액은 기존의 60%가 된다.

	사원수	월급 총액
①	45명	1억 원
②	45명	1억 2천만 원
③	50명	1억 2천만 원
④	50명	1억 5천만 원
⑤	55명	1억 5천만 원

정답 해설

사원수를 a명, 사원 1명당 월급을 b만 원이라고 가정하면, 월급 총액은 $(a \times b)$만 원이 된다.
두 번째 정보에서 사원수는 10명이 늘어났고, 월급은 100만 원 적어졌다. 또한, 월급 총액은 기존의 80%로 줄었다고 하였으므로 이에 따라 방정식을 세우면 다음과 같다.
$(a+10) \times (b-100) = (a \times b) \times 0.8 \cdots \text{㉠}$
세 번째 정보에서 사원이 20명 줄어들었고, 월급은 동일하며 월급 총액은 기존의 60%로 줄었다고 했으므로 사원 20명의 월급 총액은 기존 월급 총액의 40%임을 알 수 있다. 이를 식으로 정리하면 다음과 같다.
$20b = (a \times b) \times 0.4 \cdots \text{㉡}$
㉡에서 사원수 a를 구하면
$20b = (a \times b) \times 0.4$
→ $20 = a \times 0.4$
∴ $a = \dfrac{20}{0.4} = 50$
㉠에 사원수 a를 대입하여 월급 b를 구하면
$(a+10) \times (b-100) = (a \times b) \times 0.8$
→ $60 \times (b-100) = 40b$
→ $20b = 6,000$
∴ $b = 300$
따라서 사원수는 50명이며, 월급 총액은 $(a \times b)$만 원 = 50×300만 = 1억 5천만 원이다.

정답 ④

| 문제 3 |

민사원과 안사원이 함께 보고서를 만들고 있다. 민사원은 30장의 보고서를 만드는 데 2시간이 걸리고 안사원은 50장을 만드는 데 3시간이 걸린다. 두 사람이 함께 일을 하면 평소보다 10% 느린 속도로 보고서를 만든다. 두 사람이 함께 맡은 프로젝트를 차장에게 보고하기 위해 보고서 120장을 만들 때 걸리는 최소 시간은?

① $\dfrac{79}{18}$ 시간　　　　　　　② $\dfrac{80}{19}$ 시간

③ $\dfrac{81}{20}$ 시간　　　　　　　④ $\dfrac{82}{21}$ 시간

⑤ $\dfrac{83}{22}$ 시간

정답 해설

두 사람이 보고서 120장을 함께 만드는 데 걸리는 시간을 x시간이라고 하자.

- 민사원이 1시간에 만드는 보고서의 양 : $\dfrac{30}{2}=15$장

- 안사원이 1시간에 만드는 보고서의 양 : $\dfrac{50}{3}$장

두 사람이 함께 일을 하면 10% 느린 속도로 보고서를 만들게 되므로 다음과 같다.

$\left(15+\dfrac{50}{3}\right)\times\left(1-\dfrac{1}{10}\right)x=120$

→ $\dfrac{95}{3}\times\dfrac{9}{10}x=120$

→ $\dfrac{57}{2}x=120$

∴ $x=\dfrac{80}{19}$

따라서 두 사람이 함께 보고서 120장을 만드는 데 걸리는 시간은 $\dfrac{80}{19}$ 시간이다.

정답 ②

| 문제 4 |

A와 B는 가위바위보 게임을 하기로 했다. 게임에서 이긴 사람에게는 C가 10만 원을 주고, 진 사람은 C에게 7만 원을 주기로 했다. 게임이 끝난 후, A는 49만 원, B는 15만 원을 가지고 있다면, A가 게임에서 이긴 횟수는?(단, A와 B는 각각 20만 원을 가진 채로 게임을 시작했으며, 비긴 경우는 없다)

① 4회 ② 5회
③ 6회 ④ 7회
⑤ 8회

정답 해설

가위바위보 게임에서 A가 이긴 횟수를 x회, 진 횟수를 y회라 하자.
A가 받은 금액을 식으로 정리하면 다음과 같다.
$10 \times x - 7 \times y = 49 - 20$ → $10x - 7y = 29$ … ㉠
B가 받은 금액을 식으로 정리하면 다음과 같다.
$10 \times y - 7 \times x = 15 - 20$ → $-7x + 10y = -5$ … ㉡
㉠과 ㉡을 연립하면
$100x - 49x = 290 - 35$
→ $51x = 255$
∴ $x = 5$
따라서 A는 게임에서 5회 이겼다.

정답 ②

TOPIC 06 | 꼬리를 무는 방정식

01 유형의 이해

3개 내지는 4개의 변수가 주어지고, 이들 간의 관계가 별도의 조건으로 주어지는 유형이어서 연립방정식 유형과 혼동하기 쉬운 유형이다. 하지만 이 둘 사이에는 결정적으로 '확정된 값이 주어지는지'의 여부에서 차이가 있다. 연립방정식은 변수의 수와 방정식의 수가 일치하지만 별도의 확정된 값은 주어지지 않는다. 하지만 꼬리를 무는 방정식 유형에서는 '반드시' 확정된 값이 주어지므로 식만 잘 세우면 단순한 사칙연산만으로 답을 찾아낼 수 있다.

02 개념 익히기

위에서 서술한 것처럼 이 유형의 문제는 확정된 값이 주어지므로 그 값에서 출발하여 거꾸로 문제를 풀어나가야 한다. 대개 이 확정값은 가장 마지막 조건에 주어지는 편이지만 간혹, 문제 자체에 교묘하게 숨겨놓는 경우도 있으니 주의가 필요하다.

변수가 많으므로 식을 세우는 것에도 신중을 기해야 한다. 이 유형에서는 변수가 최소 3~4개인 경우가 많으므로 변수를 x, y, z로 설정하기보다는 처음부터 a, b, c, d, …로 설정하는 섬세한 전략도 필요하다.

여기서 말하는 '확정된 값'이란 어느 하나의 항목의 값으로 고정되는 것을 말하며, 만약 다른 변수와의 관계, 즉 둘 사이의 합과 같이 그 자체로는 그 변수의 값을 확정할 수 없는 경우라면 이 유형이 아니라 연립방정식 유형으로 접근해야 한다.

> **대표예제**

K공사는 1・2차 면접시험을 통해 신입사원을 채용했다. 채용에 대한 다음 〈조건〉을 참고할 때, 1차 면접시험에 합격한 사람은 몇 명인가?

> **조건**
> - 2차 면접시험 응시자는 1차 면접시험 응시자의 60%이다.
> - 1차 면접시험 합격자는 1차 면접시험 응시자의 90%이다.
> - 2차 면접시험 합격자는 2차 면접시험 응시자의 40%이다.
> - 2차 면접시험 불합격자 중 남녀 성비는 7:5이다.
> - 2차 면접시험에서 남성 불합격자는 63명이다.

① 240명 ② 250명
③ 260명 ④ 270명
⑤ 280명

> **정답 해설**

먼저 다섯 번째 조건을 통해 확정된 값인 2차 면접시험 남성 불합격자의 수, 63명에서 시작해 보자.
네 번째 조건에 따라 남녀 성비는 7:5이고, 여성 불합격자는 $7:5=63:a \rightarrow 5 \times 63=7a \rightarrow a=45$이므로 45명이다.
따라서 2차 면접시험 불합격자는 총 $45+63=108$명임을 알 수 있다.

세 번째 조건에 따라 2차 면접시험 불합격자는 2차 면접시험 응시자의 60%이므로 2차 면접시험 응시자는 $\frac{108}{0.6}=180$명이고,

첫 번째 조건에 따르면 1차 면접시험 응시자는 $x=\frac{180}{0.6}=300$이므로 300명이 된다.

따라서 두 번째 조건에 따라 1차 면접시험 합격자는 1차 면접시험 응시자의 90%이므로 $300 \times 0.9 = 270$명이다.

정답 ④

TOPIC 07 | 연립방정식과 연립부등식

01 유형의 이해

앞서 '꼬리를 무는 방정식'을 살펴보았다. 그 유형에서는 가장 중요한 것이 어떤 특정한 항목의 확정된 값을 찾는 것이라고 하였는데, 연립방정식(부등식) 유형에서는 특정 항목의 값이 주어지지 않는다. 대신에 항목들 간의 관계를 나타내는 표현(예를 들어, A는 전체의 20%이다.)이 주어지며, 이를 연립해 변수들의 값을 계산하는 것이 핵심이다. 수리능력에서는 풀이시간의 한계로 인해 변수의 값이 2개인 것이 주로 출제되고 있다.

02 개념 익히기

(1) 연립일차방정식

① 가감법 : 소거하고자 하는 미지수의 계수가 같도록 고친 다음, 두 방정식을 더하거나 빼는 방법이다.

예) $2x+3y=8 \cdots ㉠$　　⇒　　$2x+3y=8 \cdots ㉠$
　　$x+4y=14 \cdots ㉡$　㉡×2 → ㉢　$2x+8y=28 \cdots ㉢$

② 대입법 : 일차방정식 중 하나를 하나의 미지수에 관하여 정리한 후, 다른 방정식에 대입하여 해를 구하는 방법이다.

예) $x=y+4$　　⇒　　$3(y+4)+2y=13$
　　$3x+2y=13$

(2) 연립부등식

각각의 부등식을 풀어서 수직선을 이용해 공통인 부분을 구한다.

예) $6x<7x+4 \cdots ㉠$
　　$3x+1 \leq 2x+3 \cdots ㉡$

부등식 ㉠을 풀면 $x>-4$, 부등식 ㉡을 풀면 $x \leq 2$이다.

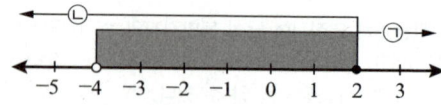

따라서 구하는 해는 $-4<x \leq 2$이다.

• $A<B<C$ 꼴의 연립부등식의 경우 $\begin{matrix} A<B \\ B<C \end{matrix}$ 꼴로 변형하여 푼다.

대표예제

K회사는 여러 거래처에 샘플을 먼저 보내고 2주 뒤에 시제품을 보내려고 한다. 샘플은 각 1.8kg으로 총 46,000원의 택배비용이 들었으며, 시제품은 각 2.5kg으로 총 56,000원의 택배비용이 들었다. 거래처들이 동일권역과 타권역에 분포되어 있다면, A회사가 물품을 보낸 거래처의 개수는?(단, 각 거래처에는 하나의 샘플과 하나의 시제품을 보낸다)

〈택배요금 정보〉

구분	2kg 이하	4kg 이하	6kg 이하	6kg 이상
동일권역	4,000원	5,000원	7,000원	9,000원
타권역	5,000원	6,000원	8,000원	1,100원

① 6곳
② 8곳
③ 10곳
④ 12곳
⑤ 14곳

정답 해설

동일권역에 있는 거래처의 수를 x개, 타권역에 있는 거래처의 수를 y개라 하자.
샘플은 1.8kg이므로 개당 택배 가격은 동일권역은 4,000원이고, 타권역은 5,000원이다.
시제품은 2.5kg이므로 개당 택배 가격은 동일권역은 5,000원이고, 타권역은 6,000원이다.
이에 따라 K회사의 택배비용을 식으로 정리하면 다음과 같다.
$4,000x+5,000y=46,000$ … ㉠
$5,000x+6,000y=56,000$ … ㉡
이때 ㉠, ㉡에 각각 ÷1,000을 하여 식을 정리하면 다음과 같다.
$4x+5y=46$ … ㉢
$5x+6y=56$ … ㉣
㉢×5−㉣×4를 하면
$\therefore y=6$
구한 y의 값을 ㉢식에 대입하면
$4x+5\times6=46$
$\therefore x=4$
따라서 동일권역에 있는 거래처는 4곳이고 타권역에 있는 거래처는 6곳이므로 K회사가 물품을 보낸 거래처는 4+6=10곳이다.

정답 ③

| 문제 1 |

K공사 직원 A ~ E 5명은 점심식사를 하고 난 뒤 카페에서 각자 원하는 음료를 주문하였다. 다음 〈조건〉을 참고할 때, 카페라테 한 잔의 가격은 얼마인가?

조건
- 5명이 주문한 음료의 총금액은 21,300원이다.
- A를 포함한 3명의 직원은 아메리카노를 주문하였다.
- B는 혼자 카페라테를 주문하였다.
- 나머지 한 사람은 5,300원인 생과일주스를 주문하였다.
- A와 B의 음료 금액은 총 8,400원이다.

① 3,800원
② 4,000원
③ 4,200원
④ 4,400원
⑤ 4,600원

정답 해설

제시된 조건을 종합하면 5명이 주문한 음료는 아메리카노 3잔, 카페라테 1잔, 생과일주스 1잔이다. 아메리카노 1잔의 가격을 a원, 카페라테 1잔의 가격을 b원이라고 할 때, 이를 식으로 나타내면 다음과 같다.
- 다섯 번째를 제외한 모든 조건 : $a \times 3 + b + 5{,}300 = 21{,}300 \rightarrow 3a + b = 16{,}000 \cdots \text{㉠}$
- 다섯 번째 조건 : $a + b = 8{,}400 \cdots \text{㉡}$

㉠과 ㉡을 연립하면, $a = 3{,}800$, $b = 4{,}600$이다.
따라서 아메리카노 한 잔의 가격은 3,800원, 카페라테 한 잔의 가격은 4,600원이다.

정답 ⑤

| 문제 2 |

김대리는 장거리 출장을 가기 전 주유와 세차를 할 예정이다. A주유소와 B주유소의 주유 및 세차 가격이 다음과 같을 때, B주유소보다 A주유소가 유리한 주유량의 범위는 얼마인가?(단, 주유는 1리터 단위로 계산한다)

<주유소별 주유 및 세차 가격>

구분	주유 가격	세차 가격
A주유소	1,550원/L	3천 원(5만 원 이상 주유 시 무료)
B주유소	1,500원/L	3천 원(7만 원 이상 주유 시 무료)

① 32L 이상 45L 이하
② 32L 이상 46L 이하
③ 33L 이상 46L 이하
④ 33L 이상 47L 이하
⑤ 33L 이상 60L 이하

정답 해설

주유소별 세차 가격이 무료가 되는 주유량은 다음과 같다.
• A의 경우 : $1,550a \geq 50,000$ → $a \geq 32.2$이므로 33L부터 세차 가격이 무료이다.
• B의 경우 : $1,500b \geq 70,000$ → $b \geq 46.6$이므로 47L부터 세차 가격이 무료이다.
주유량을 xL라고 할 때 주유량에 따른 주유 가격과 세차에 드는 비용을 정리하면 다음 표와 같다.

(단위 : 원)

구분	32L 이하	33L 이상 46L 이하	47L 이상
A주유소	$1,550x+3,000$	$1,550x$	$1,550x$
B주유소	$1,500x+3,000$	$1,500x+3,000$	$1,500x$

주유량이 32L 이하일 때와 47L 이상일 때, A주유소와 B주유소의 세차 가격 포함 유무가 동일하므로 이때는 B주유소가 더 저렴하다. 따라서 A주유소가 유리한 주유량 범위는 33L 이상 46L 이하임을 알 수 있다.

정답 ③

| 문제 3 |

K화재는 6개의 과로 구성되어 있다. 2025년 하반기에 사업 영역 확장을 위해 7번째 과를 신설하는데, 임원과 사원을 발탁하여 구성하려고 한다. 사원 한 명을 발탁하면 업무 효율이 3point 증가하고, 비용은 4point가 소요된다. 반면 임원 한 명을 발탁하면 업무 효율이 4point 증가하고, 비용은 7point가 소요된다. 비용을 100point 이하로 소요하면서, 업무 효율은 60point를 달성하려고 할 때, 임원과 사원의 수를 합한 최솟값은?(단, 사원과 임원은 각각 한 명 이상 발탁한다)

① 14
② 15
③ 16
④ 17
⑤ 18

정답 해설

사원 수와 임원 수를 각각 x명, y명이라고 하자(단, x, y는 자연수이다).
사원 x명을 발탁할 때 업무 효율과 비용은 각각 $3x\,\text{point}$, $4x\,\text{point}$이고, 임원 y명을 발탁할 때 업무 효율과 비용은 각각 $4y\,\text{point}$, $7y\,\text{point}$이므로 다음 식이 성립한다.

$3x+4y=60 \rightarrow x=-\dfrac{4}{3}y+20$ … ㉠

$4x+7y \leq 100$ … ㉡

㉠을 ㉡에 대입하면

$4\left(-\dfrac{4}{3}y+20\right)+7y \leq 100$

$\rightarrow 5y \leq 60$

$\therefore y \leq 12$

x와 y는 자연수이므로 가능한 x, y값을 순서쌍으로 나타내면 (4, 12), (8, 9), (12, 6), (16, 3)이다.
따라서 사원 수와 임원 수를 합한 최솟값은 4+12=16이다.

정답 ③

| 문제 4 |

50원, 100원, 500원짜리 동전이 14개가 있다. 이 동전들의 총합이 2,250원이라면 50원짜리 동전은 몇 개인가?

① 5개
② 6개
③ 7개
④ 8개
⑤ 9개

정답 해설

50원, 100원, 500원짜리 동전의 개수를 각각 x개, y개, z개라고 하자.
$x+y+z=14$ … ㉠
$50x+100y+500z=2,250$ → $x+2y+10z=45$ … ㉡
㉠과 ㉡을 연립하면
$y+9z=31$ … ㉢
이때 ㉠의 조건에 의해 ㉢을 만족하는 경우는 $y=4$, $z=3$이다.
따라서 50원짜리 동전은 7개, 100원짜리 동전은 4개, 500원짜리 동전은 3개가 된다.

정답 ③

TOPIC 08 | 문자수열

01 유형의 이해

문자수열은 아래의 단계를 거쳐 풀이해야 하는데 가장 중요한 것은 바로 두 번째 단계라고 볼 수 있다. 이 부분은 이른바 '수리적 센스'가 어느 정도 필요한 부분이므로 단기간에 정복하기 어려운 부분이다. 따라서 평소 다양한 문제들을 접하면서 자신의 약점을 찾아 이를 보완하는 과정이 필요하다.

| 제시된 문자를 대응하는 수로 변환 | ⇨ | 수열의 규칙을 추론 | ⇨ | 구한 결괏값(수)에 대응하는 문자로 다시 변환 |

02 개념 익히기

(1) 알파벳으로 된 문자수열

1	2	3	4	5	6	7	8	9	10	11	12	13	14	15	16	17	18	19	20
A	B	C	D	E	F	G	H	I	J	K	L	M	N	O	P	Q	R	S	T
21	22	23	24	25	26	27	28	29	30	31	32	33	34	35	36	37	38	39	40
U	V	W	X	Y	Z	A	B	C	D	E	F	G	H	I	J	K	L	M	N

(2) 한글자음으로 된 문자수열

1	2	3	4	5	6	7	8	9	10	11	12	13	14	15	16	17	18	19	20
ㄱ	ㄴ	ㄷ	ㄹ	ㅁ	ㅂ	ㅅ	ㅇ	ㅈ	ㅊ	ㅋ	ㅌ	ㅍ	ㅎ	ㄱ	ㄴ	ㄷ	ㄹ	ㅁ	ㅂ

(3) 한글모음(일반모음)으로 된 문자수열

1	2	3	4	5	6	7	8	9	10	11	12	13	14	15	16	17	18	19	20
ㅏ	ㅑ	ㅓ	ㅕ	ㅗ	ㅛ	ㅜ	ㅠ	ㅡ	ㅣ	ㅏ	ㅑ	ㅓ	ㅕ	ㅗ	ㅛ	ㅜ	ㅠ	ㅡ	ㅣ

(4) 한글모음(일반모음+이중모음)으로 된 문자수열

1	2	3	4	5	6	7	8	9	10	11	12	13	14	15	16	17	18	19	20
ㅏ	ㅐ	ㅑ	ㅒ	ㅓ	ㅔ	ㅕ	ㅖ	ㅗ	ㅘ	ㅙ	ㅚ	ㅛ	ㅜ	ㅝ	ㅞ	ㅟ	ㅠ	ㅡ	ㅢ
21	22	23	24	25	26	27	28	29	30	31	32	33	34	35	36	37	38	39	40
ㅣ	ㅏ	ㅐ	ㅑ	ㅒ	ㅓ	ㅔ	ㅕ	ㅖ	ㅗ	ㅘ	ㅙ	ㅚ	ㅛ	ㅜ	ㅝ	ㅞ	ㅟ	ㅠ	ㅡ

대표예제

다음과 같은 일정한 규칙으로 숫자와 문자를 나열할 때, 빈칸에 들어갈 수로 옳은 것은?

| a   2   c   5   h   13   (   )   34 |

① k
② n
③ q
④ u
⑤ r

정답 해설

알파벳의 순서를 숫자로 바꾸어 나열하면 1, 2, 3, 5, 8, 13, ( ), 34이다. 이는 피보나치 수열로, 앞의 두 항의 합이 다음 항에 해당한다. 따라서 빈칸에는 8+13=21번째 알파벳인 u가 들어가야 한다.

정답 ④

| 문제 1 |

다음은 일정한 규칙으로 나열한 수열이다. 빈칸에 들어갈 수로 옳은 것은?

| 142,758　　814,275　　581,427　　758,142　　275,814　　(　　　) |

① 427,581　　　　　　　　　　② 472,581
③ 472,851　　　　　　　　　　④ 758,142
⑤ 785,142

───────────── 정답 해설 ─────────────

뒤의 항은 앞의 항의 마지막 숫자를 첫 자리로 이동시켜서 만들어진 수이다. 따라서 빈칸에는 앞의 항인 275,814의 마지막 숫자인 '4'가 첫 자리로 이동한 427,581이 들어가야 한다.

정답 ①

| 문제 2 |

K회사는 일정한 규칙에 따라 만든 암호를 팀별 보안키로 활용한다. 이때 x와 y의 합은?

<K회사 팀별 보안키>

A팀	B팀	C팀	D팀	E팀	F팀
1938	2649	3576	6537	9642	2766
G팀	H팀	I팀	J팀	K팀	L팀
19344	21864	53193	84522	$9023x$	$7y352$

① 11
② 13
③ 15
④ 17
⑤ 19

정답 해설

모든 팀의 암호는 각 자릿수의 합이 21이 되도록 구성되어 있다.
- K팀 : $9+0+2+3+x=21$ → $x=7$
- L팀 : $7+y+3+5+2=21$ → $y=4$

따라서 $x+y=7+4=11$이다.

정답 ①

| 문제 3 |

A팀과 B팀은 보안등급 상에 해당하는 문서를 나누어 보관하고 있다. 이에 따라 두 팀은 보안을 위해 아래와 같은 규칙에 따라 각 팀의 비밀번호를 지정하였다. 다음 중 A팀과 B팀에 들어갈 수 있는 암호배열은?

〈규칙〉

- 1~9까지의 숫자로 (한 자릿수)×(두 자릿수)=(세 자릿수)=(두 자릿수)×(한 자릿수) 형식의 비밀번호로 구성한다.
- 가운데에 들어갈 세 자릿수의 숫자는 156이며 숫자는 중복 사용할 수 없다. 즉, 각 팀의 비밀번호에 1, 5, 6이란 숫자가 들어가지 않는다.

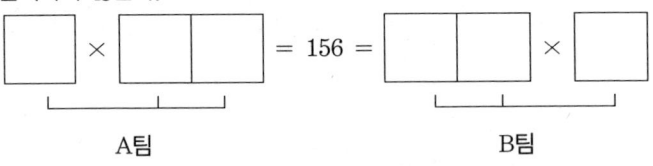

① 23
② 27
③ 29
④ 37
⑤ 39

정답 해설

규칙에 따라 사용할 수 있는 숫자는 1, 5, 6을 제외한 나머지 2, 3, 4, 7, 8, 9의 총 6개이다. (한 자릿수)×(두 자릿수)=156이 되는 수를 알기 위해 156을 소인수분해하면 $156=2^2 \times 3 \times 13$이다. 여기서 156이 되는 수의 곱 중에 조건을 만족하는 것은 2×78과 4×39이다. 따라서 선택지 중에 A팀 또는 B팀에 들어갈 수 있는 암호배열은 39이다.

정답 ⑤

| 문제 4 |

다음 두 수열에서 빈칸에 공통으로 들어갈 수는 무엇인가?

수열 1			2	5	(	)	−2	−5	−3	2
수열 2			27	81	9	243	(	)	729	1

① 1
② 2
③ 3
④ 5
⑤ 9

정답 해설

수열 1은 '2, 5, 3'과 '−2, −5, −3'이 번갈아 나열되는 수열로, 빈칸에 들어갈 수는 3이다. 수열 2는 홀수 번째 수에는 이전 홀수 번째 수에 ÷3을 적용한 값을, 짝수 번째 수에는 이전 짝수 번째 수에 ×3을 적용하는 값을 나타낸 수열로, 빈칸인 5번째 숫자는 9÷3=3이 된다. 따라서 두 수열의 빈칸에 공통으로 들어갈 수는 3이다.

정답 ③

TOPIC 09 | 도형수열

01 유형의 이해

도형수열은 앞서 살펴본 문자수열보다는 조금 더 복잡한 과정을 거친다. 하지만 결국은 빈칸으로 제시된 곳과 인접한 숫자들과의 관계를 통해 빈칸을 채운다는 수준을 넘어서지 않는다. 또한 그 관계라는 것도 덧셈 혹은 곱셈으로만 이루어지는 것이 대부분인 만큼 단서만 찾아낼 수 있다면 그 어떤 유형보다도 쉽게 풀이가 가능하다. 이 유형 역시 앞서 설명한 문자수열과 함께 단기간에 실력 향상이 이루어지지 않는 부분이므로 평소 꾸준한 연습이 필요하다.

(1) 하나의 도형이 제시된 경우

(2) 여러 개의 도형이 제시된 경우

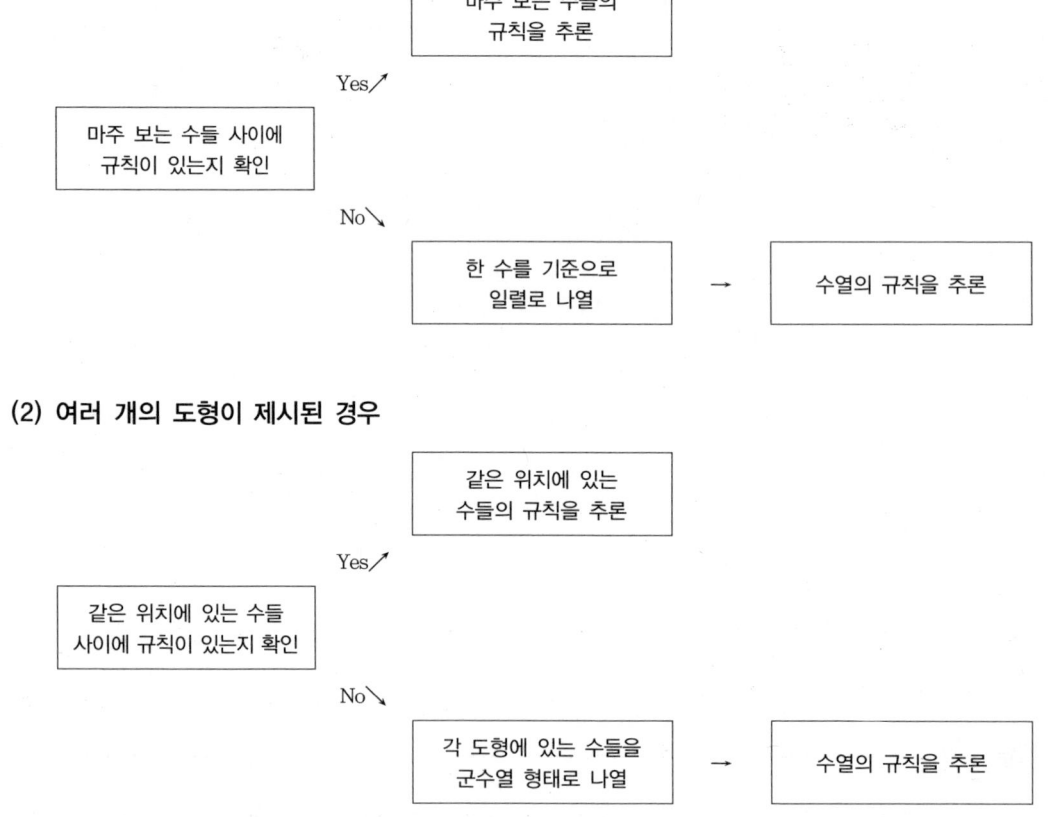

02 개념 익히기

(1) 삼각형 수열

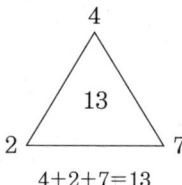
4+2+7=13

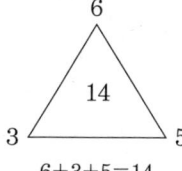
6+3+5=14

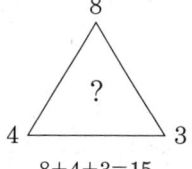
8+4+3=15

(2) 단일 표 수열

?	1	9
169		25
121	81	49

⇩

1^2	3^2	5^2	7^2	9^2	11^2	13^2	15^2
1	9	25	49	81	121	169	225

(3) 다중 표 수열

3	14
7	2

→

12	?
28	8

3×4=12	14×4=56
7×4=28	2×4=8

(4) 피라미드 수열

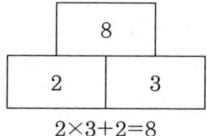
2×3+2=8

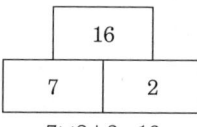
7×2+2=16

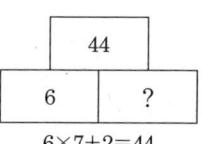
6×7+2=44

(5) 가지형 수열

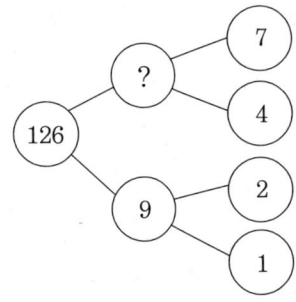

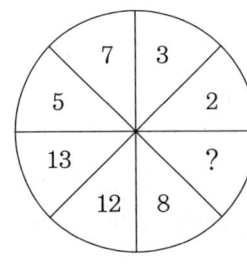

(6) 단일 원형 수열

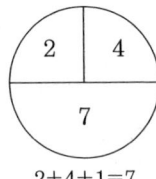

마주 보는 수의 합이 일정하다.
2+13=15
3+12=15
7+8=15
5+10=15

(7) 다중 원형 수열

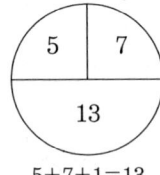 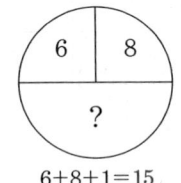

2+4+1=7   5+7+1=13   6+8+1=15

대표예제

다음 문자에는 일정한 규칙이 있다. 물음표에 들어갈 문자로 옳은 것은?

ㄴ	ㄷ	ㄹ	ㅁ
a	?	m	v

① b
② c
③ d
④ e
⑤ f

정답 해설

ㄴ	ㄷ	ㄹ	ㅁ
2	3	4	5

⇩ $(\ )^2 - 3$

a	f	m	v
1	6	13	22

정답 ⑤

| 문제 1 |

다음 숫자에는 일정한 규칙이 있다. 물음표에 들어갈 숫자로 옳은 것은?

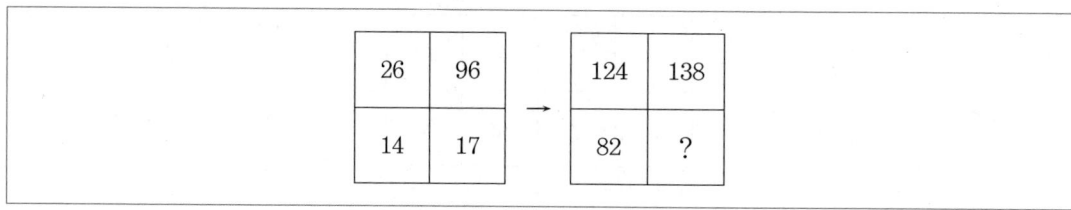

① 140
② 142
③ 144
④ 146
⑤ 148

정답 해설

26 → 62	96 → 69
14 → 41	17 → 71

⇩

62×2=124	69×2=138
41×2=82	71×2=**142**

정답 ②

| 문제 2 |

다음 숫자에는 일정한 규칙이 있다. 물음표에 들어갈 숫자로 옳은 것은?

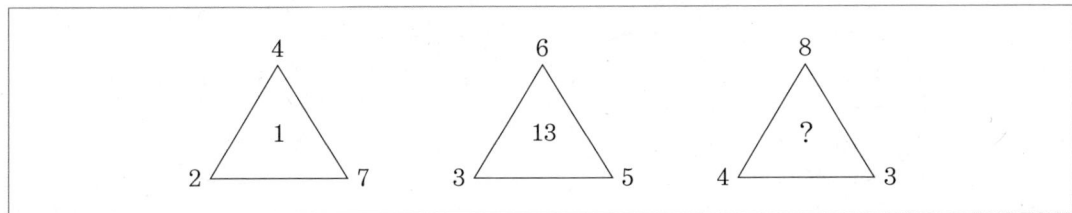

① 6
② 9
③ 15
④ 29
⑤ 96

| 정답 | 해설 |

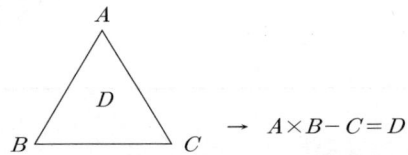 → $A \times B - C = D$

A	B	C	D
4	2	7	1(=4×2−7)
6	3	5	13(=6×3−5)
8	4	3	29(=8×4−3)

정답 ④

| 문제 3 |

다음 숫자에는 일정한 규칙이 있다. 물음표에 들어갈 숫자로 옳은 것은?

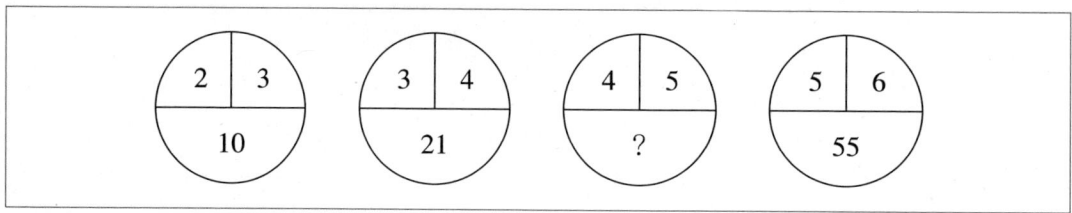

① 30
② 32
③ 34
④ 36
⑤ 38

정답 해설

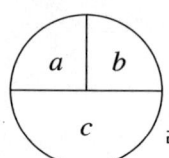 라 할 때, $a(a+b)=c$이다.

∴ $4(4+5)=36$

정답 ④

문제 4

다음 숫자에는 일정한 규칙이 있다. 물음표에 들어갈 숫자로 옳은 것은?

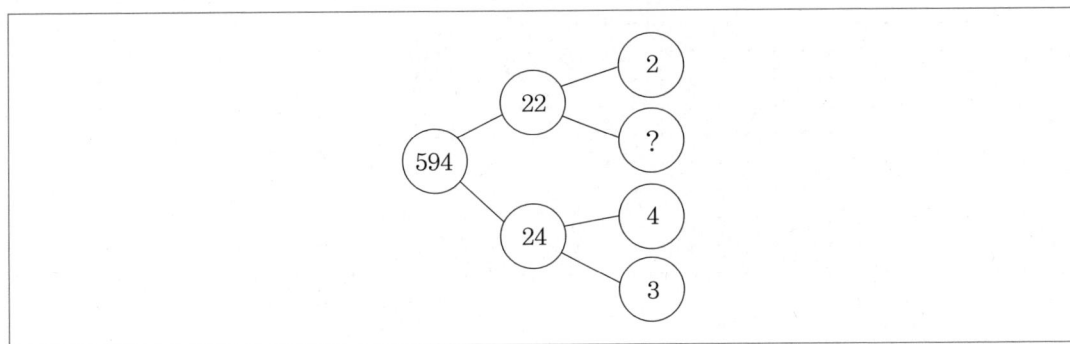

① 2
② 4
③ 6
④ 8
⑤ 10

정답 해설

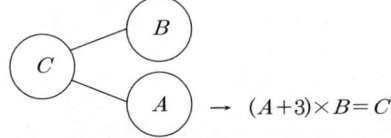 → $(A+3) \times B = C$

A	B	C
3	4	24 [=(3+3)×4]
8	2	22 [=(8+3)×2]
24	22	594 [=(24+3)×22]

정답 ④

PART 2

확률과 통계능력

TOPIC 10 | 산술평균

01 유형의 이해

별다른 언급이 없이 평균이라고 하면 바로 '산술평균'을 의미하는데, 산술평균이란 전체 자료를 모두 더한 값을 자료의 개수로 나눈 값을 말한다. 이는 다음 토픽에서 설명할 '가중평균'의 특별한 경우로 볼 수 있다. 왜냐하면 산술평균은 각각의 자료의 가중치를 모두 동일하게 놓고 계산한 평균이기 때문이다.

02 개념 익히기

산술평균에서 가장 중요한 것은 각각의 자료와 평균이 떨어진 거리(이를 편차라 한다)를 모두 합한 값은 반드시 0이 되어야 한다는 것이다. 예를 들어 제시된 자료가 1, 3, 5, 7이라면 평균은 4로 계산되는데, 이들 각각의 편차는 −3, −1, 1, 3으로 이들을 모두 합한 값은 0이 됨을 알 수 있다. 이와 같은 특징은 구해진 평균값이 옳은지 검산하는 용도로도 사용될 수 있지만, 실제 문제에서는 평균값이 주어지는 대신 일부 자료가 생략된 경우, 해당 자료값을 찾는 경우에 사용되는 것이 일반적이다.

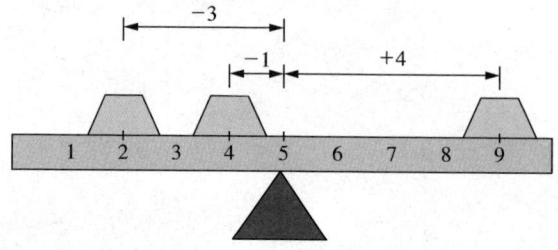

대표예제

다음은 K공사에서 KTX 부정승차 적발 건수를 조사한 자료이다. 2018 ~ 2023년의 KTX 부정승차 평균 적발 건수는 70,000건이고, 2019 ~ 2024년 평균은 65,000건이라고 할 때, 2024년 부정승차 적발 건수와 2018년 부정승차 적발 건수의 차이는 얼마인가?

〈KTX 부정승차 적발 건수〉

(단위 : 천 건)

구분	2018년	2019년	2020년	2021년	2022년	2023년	2024년
부정승차 건수		65	70	82	62	67	

① 32,000건
② 31,000건
③ 30,000건
④ 29,000건
⑤ 28,000건

정답 해설

풀이법 1

2018 ~ 2023년의 KTX 부정승차 평균 적발 건수가 70,000건이라고 하였으므로 2018년 부정승차 적발 건수를 a건이라고 하면

$$\frac{a+65,000+70,000+82,000+62,000+67,000}{6}=70,000 \rightarrow a+346,000=420,000 \rightarrow a=74,000$$

그러므로 2018년 부정승차 적발 건수는 74,000건이다.
또한, 2019 ~ 2024년 부정승차 평균 적발 건수가 65,000건이라고 하였으므로 2024년 부정승차 적발 건수를 b건이라고 하면

$$\frac{65,000+70,000+82,000+62,000+67,000+b}{6}=65,000 \rightarrow 346,000+b=390,000 \rightarrow b=44,000$$

그러므로 2024년 부정승차 적발 건수는 44,000건이다.
따라서 2024년 부정승차 적발 건수와 2018년 적발 건수의 차이는 74,000-44,000=30,000건이다.

풀이법 2

제시된 자료와 평균의 편차의 합을 통해 정답을 도출할 수 있다.
2018 ~ 2023년의 KTX 부정승차 평균 적발 건수가 70,000건이라고 하였으므로 2018년 부정승차 적발 건수와 평균의 편차를 a라고 하면 제시된 자료의 편차의 합은 다음과 같다.
$a+(-5)+0+12+(-8)+(-3)=0 \rightarrow a=4$
그러므로 2018년 부정승차 적발 건수는 4,000+70,000=74,000건이다.
또한, 2019 ~ 2024년의 KTX 부정승차 평균 적발 건수가 65,000건이라고 하였으므로 2024년 부정승차 적발 건수와 평균의 편차를 b라고 하면 제시된 자료의 편차의 합은 다음과 같다.
$0+5+17+(-3)+2+b=0 \rightarrow b=-21$
그러므로 2024년 부정승차 적발 건수는 -21,000+65,000=44,000건이다.
따라서 2024년 부정승차 적발 건수와 2018년 적발 건수의 차이는 74,000-44,000=30,000건이다.

정답 ③

| 문제 1 |

다음은 K공사 직원을 대상으로 실시한 진급시험의 점수 분포표이다. 이를 참고할 때, 평균점수는 몇 점인가?

⟨K공사 진급시험 점수 분포표⟩

(단위 : 점, 명)

점수	인원	점수	인원
55	9	80	5
60	7	85	4
65	0	90	6
70	6	95	3
75	8	100	2

① 70점
② 72점
③ 74점
④ 76점
⑤ 78점

정답 해설

풀이법 1
전 직원들 점수의 총합을 총인원으로 나누어 평균을 구하면 다음과 같다.

$$\frac{(55\times9)+(60\times7)+(65\times0)+(70\times6)+(75\times8)+(80\times5)+(85\times4)+(90\times6)+(95\times3)+(100\times2)}{9+7+0+6+8+5+4+6+3+2}=\frac{3,700}{50}=74점$$

임을 알 수 있다.

풀이법 2
70점을 기준으로 각 점수와의 편차를 이용하여 평균을 구하면

$$\frac{(-15\times9)+(-10\times7)+(5\times8)+(10\times5)+(15\times4)+(20\times6)+(25\times3)+(30\times2)}{9+7+0+6+8+5+4+6+3+2}+70=\frac{200}{50}+70=74점$$임을 알 수 있다.

정답 ③

| 문제 2 |

S를 포함한 6명이 한국사 자격증 시험을 보았다. 시험 점수가 70점 이상인 2명이 고급 자격증을 획득하였고, 1명이 60점 미만인 54점으로 과락을 하였다. 그리고 나머지는 중급을 획득하였는데, 평균이 62점이었다. 6명의 평균이 65점일 때, S가 얻을 수 있는 시험 점수의 최댓값은?

① 70점
② 75점
③ 80점
④ 85점
⑤ 90점

정답 해설

총 평균이 65점이므로 여섯 명의 점수의 합은 65×6=390점이다. 중급을 획득한 세 사람의 평균이 62점이므로 세 사람 점수의 합은 62×3=186점이다. S의 시험 점수 최댓값을 구하라고 하였으므로 S가 고급을 획득했다고 가정하면 S를 포함해 고급을 획득한 2명의 점수의 합은 390-186-54=150점이다. 고급을 획득한 S의 점수가 최댓값인 경우는 고급을 획득한 다른 한 명의 점수가 합격 최저 점수인 70점을 받았을 때이므로 150-70=80점이 최대 점수이다.

정답 ③

문제 3

다음은 2018년 이후 K국 지진 발생 현황에 대한 자료이다. 이를 토대로 아래 문장을 판단하시오.

〈2018년 이후 K국 지진 발생 현황〉

구분	지진 횟수	최고 규모
2018년	42회	3.3
2019년	52회	4.0
2020년	56회	3.9
2021년	93회	4.9
2022년	49회	3.8
2023년	44회	3.9
2024년	492회	5.8

Q : 2024년에 발생한 지진은 2018년부터 2023년까지 평균 지진 발생 횟수에 비해 약 8.8배 급증한 상태이다.

정답 해설

2018년부터 2023년까지 평균 지진 발생 횟수를 구하면 다음과 같다.
(42+52+56+93+49+44)÷6=56회
∴ 492÷56≒8.8
따라서 2024년에 발생한 지진은 2018년부터 2023년까지 평균 지진 발생 횟수에 비해 약 8.8배 증가하였음을 알 수 있다.

A : (○)

| 문제 4 |

다음은 쥐 A~E의 에탄올 주입량별 렘(REM)수면시간을 측정한 자료이다. 이를 토대로 아래 문장을 판단하시오.

〈에탄올 주입량별 쥐의 렘수면시간〉

(단위 : 분)

에탄올 주입량(g) \ 쥐	A	B	C	D	E
0.0	88	73	91	68	75
1.0	64	54	70	50	72
2.0	45	60	40	56	39
4.0	31	40	46	24	24

Q : 에탄올 주입량이 0.0g일 때 쥐 A~E의 렘수면시간 평균은 에탄올 주입량이 4.0g일 때 쥐 A~E 렘수면시간 평균의 2배 이상이다.

정답 해설

풀이법 1

에탄올 주입량이 0.0g일 때 쥐 A~E의 렘수면시간 평균을 구하면 다음과 같다.

$$\frac{88+73+91+68+75}{5} = \frac{395}{5} = 79분$$

에탄올 주입량이 4.0g일 때 쥐 A~E의 렘수면시간 평균을 구하면 다음과 같다.

$$\frac{31+40+46+24+24}{5} = \frac{165}{5} = 33분$$

따라서 에탄올 주입량이 0.0g일 때 쥐 A~E의 렘수면시간 평균은 에탄올 주입량이 4.0g일 때 쥐 A~E의 렘수면시간 평균의 2배인 66분 이상임을 알 수 있다.

풀이법 2

먼저 A, D, E는 에탄올 주입량이 0.0g일 때의 렘수면시간을 4.0g일 때와 비교하면 2배를 훨씬 뛰어넘는 차이를 보인다. C는 2배에는 미치지 못하지만 1분이 부족할 뿐이고 B 역시 7분이 부족할 뿐이다. 따라서 B와 C는 나머지 쥐들의 차이에 영향을 주지 못하므로 에탄올 주입량이 0.0g일 때와 4.0g일 때 전체 쥐들의 렘수면시간의 평균은 2배 이상의 차이를 보인다고 판단할 수 있다.

A : (O)

TOPIC 11 | 가중평균

01 유형의 이해

예를 들어, 90점을 받은 사람이 99명이고, 80점을 받은 사람이 1명이라고 할 때 이 집단의 평균 점수를 90점과 80점의 평균인 85점이라고 할 수 있을까? 그렇지 않다. 만약 그렇다면 99명과 1명이 동일한 비중을 가졌다고 판단하는 것이 되어버릴 것이다.

따라서 90점을 받은 사람이 압도적으로 많은 이 집단의 평균은 90점에 근접한 수치가 나와야 하는 것이 상식에 부합할 것이다. 바로 이 개념을 반영한 것이 가중평균이다.

02 개념 익히기

가중평균이란 말 그대로 가중치를 반영한 평균을 의미하는데 주어진 자료에 각각의 가중치를 모두 더한 뒤, 이를 전체 가중치의 합으로 나눈 것을 말한다. 간단한 예를 통해 이를 살펴보자.

구분		평균 사망연령
왕족	남(30명)	42세
	여(10명)	46세

이 자료에서 왕족의 평균 사망연령을 구해 보자. 먼저 왕족을 구성하고 있는 남자와 여자의 인원이 서로 다르므로 가중평균을 이용하여 구해야 함을 알 수 있다. 따라서 왕족 전체의 평균 사망연령은 $\frac{(42 \times 30) + (46 \times 10)}{40} =$ 43세로 구할 수 있다.

만약 가중평균이 주어진 상태에서 가중치를 구해야 하는 상황이라면 어떻게 될까? 이 경우는 아래의 그림을 통해 설명해 보자.

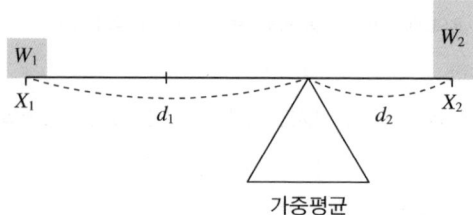

위 그림을 살펴보면 무게가 무거울수록, 즉 가중치가 클수록 가중평균값에 가까워진다는 것을 알 수 있다. 그러므로 가중치와 가중평균과의 거리는 반비례한다는 특성을 활용하면 '$W_1 : W_2 = d_2 : d_1$'이라는 비례식을 얻을 수 있다.

대표예제

다음은 의약품 종류별 상자 수에 따른 가격표이다. 종류별 상자 수에 가중치를 적용하여 가격에 대한 가중평균을 구하면 66만 원이다. 이때 빈칸에 들어갈 수는 얼마인가?

〈의약품 종류별 가격 및 상자 수〉

(단위 : 만 원, 개)

구분	A	B	C	D
가격	( )	70	60	65
상자 수	30	20	30	20

① 60
② 65
③ 70
④ 75
⑤ 80

정답 해설

가중평균은 원값에 해당되는 가중치를 곱한 총합을 가중치의 합으로 나눈 것을 말한다. A의 가격을 a만 원이라고 가정하여 가중평균에 대한 식을 정리하면 다음과 같다.

$$\frac{(a \times 30) + (70 \times 20) + (60 \times 30) + (65 \times 20)}{30 + 20 + 30 + 20} = 66$$

→ $\frac{30a + 4,500}{100} = 66$

→ $30a = 6,600 - 4,500$

→ $a = \frac{2,100}{30}$

∴ $a = 70$

따라서 A의 가격은 70만 원이다.

정답 ③

문제 1

K공사에서 2024년 신입사원을 채용하기 위해 필기시험을 진행하였다. 시험 결과 합격자 전체 평균이 83.35점이며, 이 중 남성 합격자의 평균은 82점이고, 여성 합격자의 평균은 85점이었다. 합격자 전체 인원이 40명일 때, 남성과 여성 합격자는 각각 몇 명인가?

	남성 합격자	여성 합격자		남성 합격자	여성 합격자
①	22명	18명	②	22명	20명
③	23명	17명	④	23명	20명
⑤	25명	19명			

정답 해설

풀이법 1

남성 합격자 수를 A명, 여성 합격자 수를 B명이라 하면

$A+B=40 \cdots$ ㉠

$\dfrac{82A+85B}{40}=83.35 \cdots$ ㉡

㉠, ㉡을 연립하면, $A=22$, $B=18$이다.
따라서 남자는 22명이고, 여자는 18명이다.

풀이법 2

남성 합격자 수를 A명, 여성 합격자 수를 B명이라 하면
$A+B=40 \cdots$ ㉠
앞서 설명한 비례식을 활용해 보면,
$1.35:1.65=B:A$이므로, $1.65B=1.35A \cdots$ ㉡
㉠, ㉡을 연립하여 풀면, $A=22$, $B=18$이다.
따라서 남자는 22명이고, 여자는 18명이다.

정답 ①

문제 2

K공사에서는 서울 및 수도권 지역의 가구를 대상으로 난방방식 현황 및 난방연료 사용현황에 대해 다음과 같이 조사하였다. 이를 토대로 아래 문장을 판단하시오.

〈난방방식 현황〉
(단위 : %)

구분	서울	인천	경기 남부	경기 북부	전국 평균
중앙난방	22.3	13.5	6.3	11.8	14.4
개별난방	64.3	78.7	26.2	60.8	58.2
지역난방	13.4	7.8	67.5	27.4	27.4

※ 경기 지역은 남부와 북부로 나눠 조사함

Q : 경기 남부의 가구 수가 경기 북부의 가구 수의 2배라면 경기 지역에서 개별난방을 사용하는 가구 수의 비율은 약 37.7%이다.

정답 해설

경기 남부의 가구 수가 경기 북부의 가구 수의 2배이므로 가구 수의 비율은 경기 남부가 $\frac{2}{3}$, 경기 북부가 $\frac{1}{3}$이다.

난방방식 현황에 따르면 경기 지역의 개별난방 비율은 다음과 같다.
• 경기 남부의 개별난방 비율 : 26.2%
• 경기 북부의 개별난방 비율 : 60.8%

따라서 경기 지역에서 개별난방을 사용하는 가구 수의 비율을 가중평균으로 구하면 $\left(26.2\% \times \frac{2}{3}\right) + \left(60.8\% \times \frac{1}{3}\right) \fallingdotseq 37.7\%$이다.

A : (O)

| 문제 3 |

K카드회사에서는 새로운 카드상품을 개발하기 위해 고객 1,000명을 대상으로 카드 이용 시 선호하는 부가서비스에 대해 조사하였다. 이를 토대로 아래 문장을 판단하시오.

〈카드 이용 시 고객이 선호하는 부가서비스〉

(단위 : %)

구분	남성	여성	전체
포인트 적립	19	21	19.8
무이자 할부	17	18	17.4
주유 할인	15	6	11.4
쇼핑 할인	8	15	10.8
외식 할인	8	9	8.4
영화관 할인	8	11	9.2
통화료 / 인터넷 할인	7	8	7.4
은행수수료 할인	8	6	7.2
무응답	10	6	8.4

※ 총 8가지 부가서비스 중 선호하는 서비스 택 1, 무응답 가능

Q : 이번 조사 자료는 K카드를 이용하고 있는 고객 중 1,000명을 대상으로 선호하는 부가서비스에 대해 조사한 것으로, 성별 비율은 각각 50%이다.

| 정답 해설 |

조사대상이 1,000명이라고 제시되었지만, 남성과 여성의 정확한 인원을 알 수 없다.
조사대상 중 남성의 비율을 a%라 하면 여성의 비율은 $(100-a)$%이므로 포인트 적립항목의 전체 평균과 가중평균을 이용해 성별 비율을 구하면 다음과 같다.

$19\% \times \dfrac{a}{100} + 21\% \times \dfrac{100-a}{100} = 19.8\%$

→ $\dfrac{19}{100} \times \dfrac{a}{100} + \dfrac{21}{100}\left(1 - \dfrac{a}{100}\right) = \dfrac{19.8}{100}$

→ $19 \times \dfrac{a}{100} + 21\left(1 - \dfrac{a}{100}\right) = 19.8$

→ $2 \times \dfrac{a}{100} = 21 - 19.8$

∴ $a = 60$

따라서 전체 조사대상 중 남성의 비율은 60%이고, 여성의 비율은 40%이다.

A : (×)

| 문제 4 |

다음은 갑국의 2025년 3월 군인 소속별 1인당 월지급액에 대한 자료이다. 이를 토대로 아래 문장을 판단하시오.

⟨2025년 3월 군인 소속별 1인당 월지급액⟩

(단위 : 원, %)

구분 \ 소속	육군	해군	공군	해병대
1인당 월지급액	105,000	120,000	125,000	100,000
군인수 비중	30	20	30	20

※ '갑'국 군인의 소속은 육군, 해군, 공군, 해병대로만 구분됨

Q : 2025년 3월 갑국 전체 군인의 1인당 월지급액은 115,000원이다.

정답 해설

비중이 같은 육군과 공군, 해군과 해병대의 평균을 각각 구한 후 이들의 가중평균을 구하면 된다. 먼저 육군과 공군의 평균은 115,000원이고, 해군과 해병대의 평균은 110,000원이다. 이때 이들 각각의 가중치가 60 : 40, 즉 3 : 2이므로 전체 평균은 115,000원과 110,000원의 중간보다 115,000원에 치우친 값인 113,000원으로 결정된다. 따라서 옳지 않다.

A : (×)

TOPIC 12 | 가평균

01 유형의 이해

앞서 설명한 평균을 구하기 위해서는 일단 전체 자료들을 모두 더한 후에 그 자료들의 개수로 나누는 과정을 거쳐야 한다. 그런데, 제시된 자료들이 단위가 너무 크다든지 개수가 너무 많다든지 한다면 이를 직접 계산하는 것이 매우 번거로운 작업이 될 수 있다. 따라서 이때에는 평균의 추정치를 가평균으로 잡고, 이 가평균과 자료들의 편차를 이용하여 진짜 평균을 구하는 것이 효율적일 수 있다.

02 개념 익히기

예를 들어, 어느 그룹 구성원의 나이가 25, 29, 30, 31, 33, 38, 45세로 주어져 있는 경우 가평균을 30으로 잡고 계산해 보자. 그렇다면 각각의 편차의 합은 $(-5)+(-1)+0+1+3+8+15=21$이 되어 이의 평균은 3이 된다. 따라서 가평균에 편차의 평균을 더하면 $30+3=33$이고, 이 그룹의 평균 나이는 33세임을 알 수 있다.

대표예제

다음은 2024년 지역별 전기·전력에 대한 자료이다. 이를 토대로 아래 문장을 판단하시오.

〈지역별 전기·전력 현황〉

구분	발전설비(kw)	발전량(Mwh)	전력판매량(Gwh)
서울	407,565	874,131	46,493
부산	7,083,793	51,006,660	20,467
대구	542,993	3,105,758	15,268
인천	13,870,765	65,939,273	23,876
광주	189,934	429,418	8,558
대전	152,263	186,769	9,380
울산	4,703,598	13,583,162	32,095
경기	14,357,143	57,085,319	109,424
강원	4,592,715	10,598,883	16,499
충북	784,050	1,156,380	24,009
충남	20,418,773	111,645,164	48,454
전북	3,066,455	9,674,002	22,734
전남	11,291,910	69,054,766	33,097
경북	13,707,258	81,884,729	44,648
경남	9,049,426	58,252,913	34,497
제주	1,086,549	3,122,549	4,738
세종	560,367	2,840,978	2,802

Q : 전력판매량의 평균은 25,000Gwh 이상이다.

정답 해설

문제에서 평균치에 대한 기준값이 주어져 있다면 이는 대부분 가평균을 이용해 풀이해야 하는 문제라고 봐도 무방하며, 이 경우는 대개 실제값과 차이가 큰 경우가 대부분이므로 과감한 계산이 필요하다. 이를 위해 제시된 자료에서 천 단위 이상만 고려하여 풀이해 보자. 즉, 서울의 전력판매량을 46로 놓고 가평균을 25로 놓는다는 의미이다.
이에 따르면 자료의 편차는 21, −5, −10, −2, −17, −16, 7, 84, −9, −1, 23, −3, 8, 19, 9, −21, −23이며, 이들의 합은 직접 계산해 보지 않더라도 84라는 매우 큰 양수가 존재하며, 나머지 수들을 어림해 보면 양수가 된다는 것을 파악할 수 있으므로 전체의 평균은 25, 즉 25,000Gwh를 넘는다는 것을 알 수 있다.

A : (O)

TOPIC 13 | 확률의 계산

01 유형의 이해

앞서 설명한 확률의 기본 개념만 숙지하고 있어도 거의 대부분의 문제가 쉽게 풀리는 수준에서 출제되고 있으며, 다른 유형과 달리 문제의 외형만 보더라도 이것이 확률을 계산하는 것임을 명확히 알 수 있다. 가장 많이 문제화되는 것은 '여사건'을 활용한 것인데, 문제에서 어떤 것의 확률이 70% 이상으로 주어져 있다면 해당 문제는 주어진 확률값을 그대로 이용하는 것이 아닌 여사건을 활용해야 하는 문제로 봐도 무방하다.

02 개념 익히기

(1) 확률의 의미와 성질

① 확률의 의미 : 어떤 시행에서 일어날 수 있는 모든 경우의 수가 n이고, 각각의 경우가 일어날 가능성이 모두 같을 때, 사건 A가 일어나는 경우의 수가 a이면 사건 A가 일어날 확률 $P(A)$는 다음과 같다.

$$P(A) = \frac{a}{n} = \frac{(사건\ A가\ 일어나는\ 경우의\ 수)}{(모든\ 경우의\ 수)}$$

② 확률의 성질
- 임의의 사건 A가 일어날 확률을 $P(A)$라 하면 $0 \leq P(A) \leq 1$
- 반드시 일어나는 사건 S에 대하여 $P(S)=1$
- 절대로 일어날 수 없는 사건 ϕ에 대하여 $P(\phi)=0$

(2) 확률의 덧셈과 곱셈

사건 A가 일어날 확률을 p, 사건 B가 일어날 확률을 q라 하면,

① 사건 A와 사건 B가 동시에 일어나지 않을 때
⇒ (사건 A 또는 사건 B가 일어날 확률) $= p+q$

② 두 사건 A와 B가 서로 영향을 끼치지 않을 때
⇒ (사건 A와 사건 B가 동시에 일어날 확률) $= p \times q$

(3) 여사건의 확률

① 여사건 : 사건 A에 대하여 A가 일어나지 않는 사건을 여사건이라 하고 기호 A^C로 나타낸다.
② 여사건의 확률 : $P(A^C)=1-P(A)$

(4) 조건부 확률

어떤 두 사건 A, B에 대하여 사건 A가 일어났다고 가정할 때 사건 B가 일어날 확률을 사건 A가 일어났을 때 사건 B의 조건부확률이라 한다.

$$P(B|A)=\frac{P(A\cap B)}{P(A)}$$

대표예제

세계적으로 전 세계 인구의 10%가 걸리는 Z병이 문제가 되고 있으며, Z병을 검사했을 때 오진일 확률은 90%이다. A를 포함한 100명이 검사를 받았고, A가 검사 후 병에 걸리지 않았다고 진단받았을 때 오진이 아닐 확률은?

① 50%
② 40%
③ 30%
④ 20%
⑤ 10%

정답 해설

전 세계 인구를 100명이라 했을 때, 이 중 실제로 Z병에 걸린 사람은 10%로 10명이며, 90명은 병에 걸리지 않았다. 이때 오진일 확률이 90%이므로, 정확한 진단을 받은 사람은 10%이다. Z병에 걸린 사람과 걸리지 않은 사람으로 나누어 오진일 확률을 구하면 다음과 같다.
- 실제로 Z병에 걸린 사람 : 10명
  - 오진(Z병에 걸리지 않았다는 진단) : 10명×0.9=9명
  - 정확한 진단(Z병에 걸렸다는 진단) : 10명×0.1=1명
- 실제로 Z병에 걸리지 않은 사람 : 90명
  - 오진(Z병에 걸렸다는 진단) : 90명×0.9=81명
  - 정확한 진단(Z병에 걸리지 않았다는 진단) : 90명×0.1=9명

따라서 Z병에 걸리지 않았다고 진단받은 사람은 9+9=18명이고, 이때 오진이 아닌 정확한 진단을 받은 사람은 9명이므로 A가 검사 후 Z병에 걸리지 않았다고 진단받았을 때 오진이 아닐 확률은 $\frac{9}{18}\times100=50\%$이다.

정답 ①

| 문제 1 |

다음은 K공단의 신용등급 변화 비율에 대한 자료이다. 2024년에 C등급을 받은 K공단이 2026년에도 C등급을 유지할 가능성은?

<K공단 신용등급 변화 비율>

구분		n+1년		
		A등급	B등급	C등급
n년	A등급	0.6	0.3	0.1
	B등급	0.2	0.47	0.33
	C등급	0.1	0.22	0.68

• 신용등급은 매년 1월 1일 0시에 산정되며, 'A등급 – B등급 – C등급' 순서로 높은 등급이다.
• 신용등급 변화 비율은 매년 동일하다.

① 0.545
② 0.570
③ 0.584
④ 0.622
⑤ 0.726

정답 해설

문제에 제시된 등급 변화에 대한 확률을 정리하면 다음과 같다.

2024년	2025년	2026년	확률
C등급	A등급	C등급	0.1×0.1=0.01
	B등급		0.22×0.33=0.0726
	C등급		0.68×0.68=0.4624

따라서 2024년에 C등급을 받은 K공단이 2026년에도 C등급을 유지할 가능성은 0.01+0.0726+0.4624=0.545이다.

정답 ①

문제 2

고등학생을 대상으로 가장 좋아하는 색깔을 조사하니 빨간색, 파란색, 검은색이 차지하는 비율이 2 : 3 : 5라면 학생 2명을 임의로 선택할 때, 좋아하는 색이 다를 확률은?(단, 조사 인원은 충분히 많다)

① $\dfrac{27}{50}$ ② $\dfrac{29}{50}$

③ $\dfrac{31}{50}$ ④ $\dfrac{33}{50}$

⑤ $\dfrac{32}{45}$

정답 해설

좋아하는 색이 다를 확률=1−(좋아하는 색이 같을 확률)

ⅰ) 2명 모두 빨간색을 좋아할 확률 : $\left(\dfrac{2}{10}\right)^2$

ⅱ) 2명 모두 파란색을 좋아할 확률 : $\left(\dfrac{3}{10}\right)^2$

ⅲ) 2명 모두 검은색을 좋아할 확률 : $\left(\dfrac{5}{10}\right)^2$

따라서 학생 2명을 임의로 선택할 때, 좋아하는 색이 다를 확률은 $1-\left(\dfrac{4}{100}+\dfrac{9}{100}+\dfrac{25}{100}\right)=1-\dfrac{38}{100}=\dfrac{62}{100}=\dfrac{31}{50}$ 이다.

정답 ③

| 문제 3 |

K지역 사람들 중 폐렴 보균자일 확률은 20%이고, 항생제 내성이 있을 확률은 75%이다. K지역에서 항생제 내성이 있는 사람들 중 폐렴 보균자인 사람일 확률은?(단, 두 사건은 독립사건이다)

① 20%
② 25%
③ 30%
④ 35%
⑤ 40%

정답 해설

폐렴 보균자일 확률을 $P(A)$, 항생제 내성이 있을 확률을 $P(B)$라고 하면 항생제 내성이 있는 사람들 중 폐렴 보균자인 사람일 확률은 $P(A|B) = \dfrac{P(A) \times P(B)}{P(B)} = \dfrac{0.2 \times 0.75}{0.75} = 0.2$, 즉 20%이다.

정답 ①

| 문제 4 |

한 인터넷 쇼핑몰의 등록고객 중 여성은 75%이고 남성은 25%라고 한다. 여성 등록고객 중 우수고객의 비율은 40%이며, 일반 고객의 비율은 60%이다. 그리고 남성 등록고객의 경우 우수고객이 30%이고, 일반 고객이 70%이다. 등록고객 중 한 명을 임의로 뽑았더니 우수고객이었다. 이때, 이 고객이 여성일 확률은?

① 75%
② 80%
③ 85%
④ 90%
⑤ 95%

정답 해설

인터넷 쇼핑몰의 등록고객 수를 x명이라 하면 여성의 수는 $\frac{75}{100}x$명, 남성의 수는 $\frac{25}{100}x$명이다.

- 여성 등록고객 중 우수고객의 수 : $\frac{75}{100}x \times \frac{40}{100} = \frac{3,000}{10,000}x$명
- 남성 등록고객 중 우수고객의 수 : $\frac{25}{100}x \times \frac{30}{100} = \frac{750}{10,000}x$명

그러므로 우수고객 중 여성일 확률은 $\dfrac{\frac{3,000}{10,000}x}{\frac{3,000}{10,000}x + \frac{750}{10,000}x} = \frac{3,000}{3,750} = \frac{4}{5}$ 이다.

따라서 등록고객 중 한 명을 임의로 뽑았을 때 우수고객이 여성일 확률은 $\frac{4}{5}$, 즉 80%이다.

정답 ②

TOPIC 14 | 경우의 수

01 유형의 이해

다른 유형과 달리 해당 항목에 대한 사전지식을 가지고 있는지의 여부가 문제 풀이 속도에 결정적인 영향을 미치는 유형이다. 난이도가 매우 낮게 출제된다면 순열과 조합의 원리를 이용해 풀이하지 않고 경우의 수를 직관적으로 나열해 보는 것으로도 충분하겠지만 최근의 출제경향은 그러한 유형에서 탈피하는 분위기가 역력하다. 다만, 현재까지 출제되고 있는 수준에서는 순열과 조합의 산식에 대입하여 풀이하는 수준을 넘어서지 않으므로 다음에서 설명하고 있는 산식은 확실하게 기억하도록 하자.

02 개념 익히기

(1) 경우의 수
  ① 사건 : 같은 조건 아래 어떤 실험이나 관찰에 의하여 일어나는 결과를 말한다.
  ② 경우의 수 : 어떤 사건이 일어나는 가짓수를 말한다.

(2) 합의 법칙과 곱의 법칙
  ① 합의 법칙 : 두 사건 A와 B가 동시에 일어나지 않을 때, 사건 A가 일어나는 경우의 수를 m, 사건 B가 일어나는 경우의 수를 n이라 하면, 사건 A 또는 B가 일어나는 경우의 수는 $m+n$이다.
  ② 곱의 법칙 : 두 사건 A, B에 대하여 사건 A가 일어나는 경우의 수가 m이고, 그 각각의 경우에 대하여 사건 B가 일어나는 경우의 수가 n이면, 사건 A와 사건 B가 동시에, 잇달아 일어나는 경우의 수는 $m \times n$이다.

(3) 순열과 조합
  ① 순열(Permutation)
    ㉠ 순열의 정의 : 서로 다른 n개에서 중복되지 않게 r개($n \geq r$)를 택하여 일렬로 배열하는 것을 순열이라 하고, 순열의 수는 기호 $_n\mathrm{P}_r$로 나타낸다.
    ㉡ 순열의 수
      • $_n\mathrm{P}_n = n(n-1)(n-2) \cdots 3 \times 2 \times 1 = n!$
      • $_n\mathrm{P}_r = n(n-1)(n-2) \cdots (n-r+1)$ (단, $1 \leq r \leq n$)
      • $_n\mathrm{P}_r = \dfrac{n!}{(n-r)!}$

② 조합(Combination)
  ㉠ 조합의 정의 : 서로 다른 n개에서 순서를 생각하지 않고 r개를 택하는 것을 n개에서 r개를 택하는 조합이라 하고, 조합의 수는 기호 $_nC_r$로 나타낸다.
  ㉡ 조합의 수
   - $_nC_r = \dfrac{_nP_r}{r!} = \dfrac{n!}{r!(n-r)!}$
   - $_nC_r = {_nC_{n-r}}$
   - $_nC_0 = 1,\ _nC_n = 1$

대표예제

다음의 막대를 사용해 서로 다른 길이의 막대를 만들 수 있는 경우의 수는?

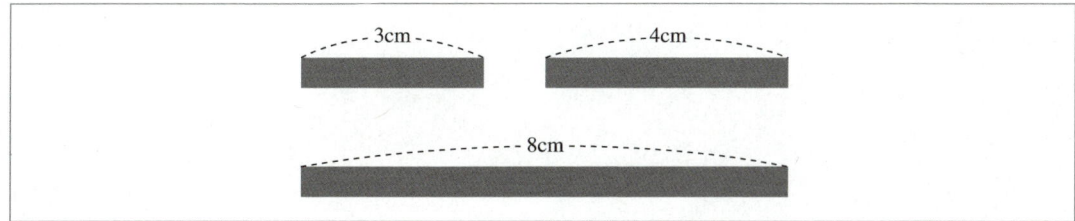

① 6가지
② 7가지
③ 8가지
④ 9가지
⑤ 10가지

정답 해설

- 3가지 막대 중 1가지만 선택하는 경우 : 3cm, 4cm, 8cm
- 3가지 막대 중 2가지를 선택해 긴 막대를 만드는 경우 : 3+4=7cm, 3+8=11cm, 4+8=12cm
- 3가지 막대 중 2가지를 선택해 짧은 막대를 만드는 경우 : 4−3=1cm, 8−4=4cm, 8−3=5cm
- 3가지 막대 중 2가지를 선택해 더한 후 나머지 막대의 길이를 더하거나 빼서 만드는 경우 : 8−(3+4)=1cm, (8+3)−4=7cm, (8+4)−3=9cm
- 3가지 막대를 모두 사용해 긴 막대를 만드는 경우 : 3+4+8=15cm

따라서 구하는 경우의 수는 10가지이다(∵ 1cm, 4cm, 7cm는 두 번 나옴).

정답 ⑤

| 문제 1 |

남학생 5명과 여학생 3명이 운동장에 있다. 남학생 중 2명을 뽑고, 여학생 중 2명을 뽑아 한 줄로 세우는 경우의 수는?

① 120가지
② 240가지
③ 360가지
④ 480가지
⑤ 720가지

정답 해설

- 남학생 5명 중 2명을 선택하는 경우의 수 : $_5C_2 = \dfrac{5 \times 4}{2 \times 1} = 10$가지
- 여학생 3명 중 2명을 선택하는 경우의 수 : $_3C_2 = \dfrac{3 \times 2}{2 \times 1} = 3$가지
- 뽑은 4명을 한 줄로 세우는 경우의 수 : $4! = 4 \times 3 \times 2 \times 1 = 24$가지

따라서 구하고자 하는 경우의 수는 $_5C_2 \times _3C_2 \times 4! = 10 \times 3 \times 24 = 720$가지이다.

정답 ⑤

| 문제 2 |

총 20명의 선수들이 탁구 대회에 참여하려고 한다. 우선 4명씩 5개의 조를 짜서 각 조 내에서는 리그전으로 2명씩 각각 선발을 하고, 뽑힌 사람들은 토너먼트 방식으로 경기를 진행하여 최종 우승자를 뽑는다. 다음 중 탁구 대회가 열리는 총 경기의 수는?(단, 리그전은 대회에 참가한 모든 팀과 서로 한 번씩 겨루는 방식이고, 부전승은 주최 측에서 임의로 선정한다)

① 39회 ② 40회
③ 41회 ④ 42회
⑤ 43회

정답 해설

20명을 4명씩 묶어서 리그전으로 진행하면 5개의 리그가 만들어진다. 한 리그에 속한 4명이 서로 한 번씩 경기를 진행하면 3+2+1=6회의 경기가 진행된다. 그러므로 리그전으로 진행되는 경기 수는 6×5=30회이다.
다음으로 토너먼트 방식으로 경기를 진행하면 2×5=10명의 사람이 토너먼트에 참가하게 된다. 토너먼트 경기 수는 참가 팀이 n팀이라고 하면 $(n-1)$번이므로 총 10-1=9회의 경기가 진행된다.
따라서 최종 우승자가 나올 때까지의 경기 수는 30+9=39회이다.

정답 ①

| 문제 3 |

A씨는 집에서 도서관을 거쳐 영화관에 갔다가 되돌아오려고 한다. 집에서 도서관에 가는 길은 3가지이고, 도서관에서 영화관에 가는 길은 4가지일 때, 다음 〈조건〉을 만족하는 모든 경우의 수는?

> **조건**
>
> 집 ●════ 도서관 ●════ 영화관 ●
>
> - 도서관에서 영화관을 다녀올 때 같은 길을 이용한다면, 집과 도서관 사이에는 다른 길을 이용해야 한다.
> - 도서관에서 영화관을 다녀올 때 다른 길을 이용한다면, 집과 도서관 사이에는 같은 길을 이용해야 한다.

① 12가지
② 48가지
③ 60가지
④ 128가지
⑤ 144가지

정답 해설

첫 번째 조건에 따라 도서관에서 영화관을 다녀올 때 같은 길을 이용하고, 집과 도서관 사이에는 다른 길을 이용하는 경우의 수를 구하면 다음과 같다.
- 집 - 도서관 : 3×2=6가지
- 도서관 - 영화관 : 4×1=4가지
→ 6×4=24가지

두 번째 조건에 따라 도서관에서 영화관을 다녀올 때 다른 길을 이용하고, 집과 도서관 사이에는 같은 길을 이용하는 경우의 수를 구하면 다음과 같다.
- 집 - 도서관 : 3×1=3가지
- 도서관 - 영화관 : 4×3=12가지
→ 3×12=36가지

따라서 구하고자 하는 경우의 수는 24+36=60가지이다.

정답 ③

| 문제 4 |

K회사의 해외사업부, 온라인 영업부, 영업지원부에서 각각 2명, 2명, 3명이 대표로 회의에 참석하기로 하였다. 원탁 테이블에 같은 부서 사람이 옆자리로 앉는다고 할 때, 7명이 앉을 수 있는 방법은 몇 가지인가?

① 48가지 ② 36가지
③ 27가지 ④ 24가지
⑤ 16가지

정답 해설

같은 부서 사람이 옆자리에 함께 앉아야 하므로 먼저 부서를 한 묶음으로 생각하고 세 부서를 원탁에 배치하는 경우는 2!=2가지이다. 각 부서 사람끼리 자리를 바꾸는 경우의 수는 2!×2!×3!=2×2×3×2=24가지가 나온다. 따라서 조건에 맞게 7명이 앉을 수 있는 경우의 수는 2×24=48가지이다.

정답 ①

TOPIC 15 | 중앙값과 최빈값

01 유형의 이해

통계 수치를 다루는 유형에서 가장 빈번하게 출제되는 것은 평균값을 구하는 것이지만 최근에는 중앙값과 최빈값도 무시할 수 없는 수준으로 출제되고 있다. 이는 평균값이 극단치에 크게 영향을 받는다는 한계점이 부각되고 있는 최근의 분위기가 반영된 것이라고 볼 수 있다. 최근 출제빈도가 높아지고 있는 중앙값의 경우에는 데이터의 수가 짝수인 경우가 대부분 출제되고 있으니 아래의 산식을 숙지하기 바란다.

02 개념 익히기

(1) 중앙값

중위값으로도 불리며, 주어진 자료의 데이터들을 크기 순서로 나열했을 때 한 가운데에 오는 것을 의미한다. 만약 데이터의 수가 짝수라면 한 가운데에 위치하는 수치가 존재하지 않으므로 중앙에 위치한 두 데이터의 평균을 중앙값으로 한다. 이때 데이터의 수가 많은 경우에는 $\frac{(자료의\ 수)}{2}$ 번째 수와 그다음 번 수의 평균이 중앙값이라는 사실을 이용하면 시간을 단축할 수 있다.

예를 들어 자료가 68, 72, 95, 97, 101, 109의 6개로 주어진 경우 중앙값은 3번째와 4번째인 95와 97의 평균인 96이 된다.

(2) 최빈값

주어진 자료에서 가장 자주 나타나는 값을 의미하며, 만약 데이터들을 구간별로 나누어 도수분포표를 작성한다면 빈도가 가장 많은 구간이 바로 최빈값에 해당한다.

예를 들어 자료가 4, 3, 5, 6, 5, 7, 6, 5, 7로 주어진 경우 가장 빈도가 높은 5가 최빈값이 된다.

대표예제

다음은 K회사 A~F 인턴사원들의 인턴과정이 끝난 후 인턴사원들의 최종 평가 점수를 나타낸 표이다. 최종 평가 점수의 중앙값과 최빈값은 얼마인가?

〈최종 평가 점수〉

(단위 : 점)

구분	A	B	C	D	E	F
점수	12	17	15	13	20	17

    중앙값   최빈값   중앙값   최빈값
① 14점   13점   ② 15점   15점
③ 15점   17점   ④ 16점   17점
⑤ 16점   20점

정답 해설

- 중앙값
  중앙값은 자료에 나타난 값을 작은 수부터 나열했을 때 가장 가운데 오는 값으로, 값이 홀수일 때는 가장 가운데 오는 수이지만, 짝수일 때는 가운데에 위치하는 두 값의 평균이 중앙값이 된다. 최종 평가 점수를 작은 수부터 나열하면 12, 13, 15, 17, 17, 20이다. 따라서 중앙값은 $\frac{6}{2}$=3번째와 4번째의 수인 15점과 17점의 평균값인 16점이다.

- 최빈값
  최빈값은 가장 많은 빈도로 나타나는 값이다. 따라서 최종 평가 점수에서의 최빈값은 17점이다.

정답 ④

| 문제 1 |

다음은 18개 지역의 날씨에 대한 자료이다. 이를 참고할 때 날씨의 평균값과 중앙값의 차는?

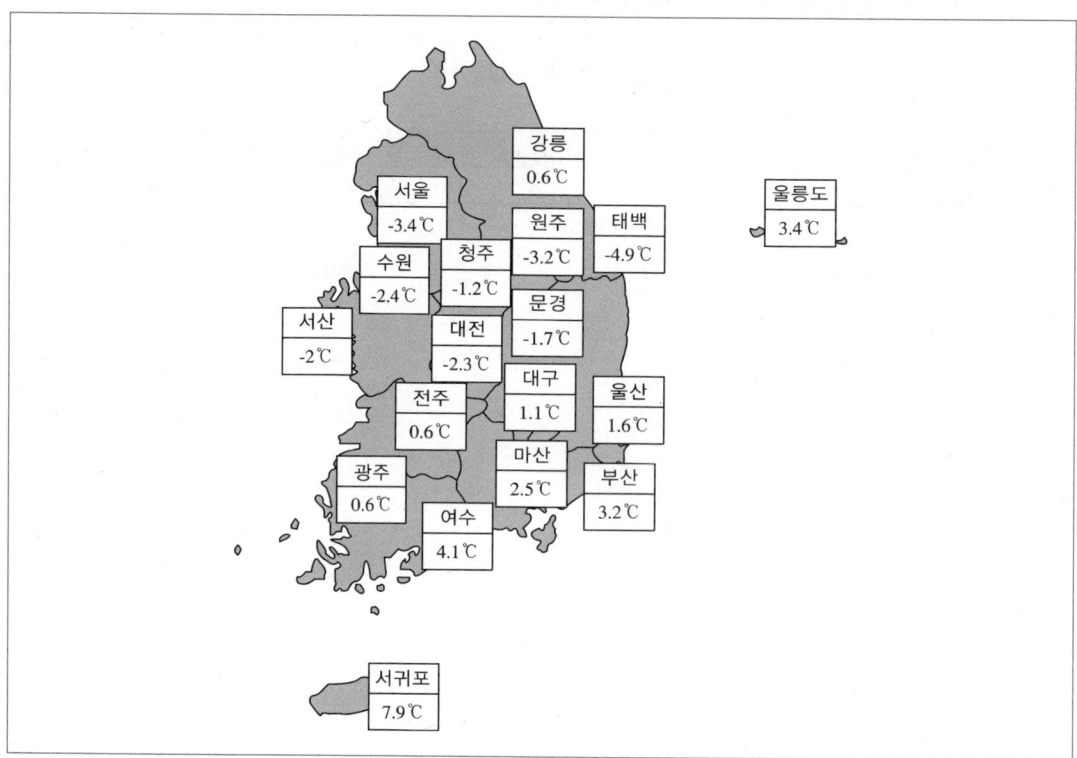

① 0.38
② 0.35
③ 0.26
④ 0.22
⑤ 0.17

정답 해설

- 18개 지역 날씨의 총합 : $(-3.4)+(-2.4)+(-2.0)+(0.6)+(7.9)+(4.1)+(0.6)+(-2.3)+(-1.2)+(2.5)+(1.1)+(-1.7)+(-3.2)+(0.6)+(-4.9)+(1.6)+(3.2)+(3.4)=4.5°C$

- 18개 지역 날씨의 평균 : $\dfrac{4.5}{18}=0.25°C$

- 18개 지역의 중앙값 : $0.6°C$

따라서 평균값과 중앙값의 차는 $0.6-0.25=0.35$이다.

정답 ②

| 문제 2 |

다음은 어떤 중학교 A반 학생 9명을 대상으로 50m 달리기 기록을 정리한 표이다. 이 반에 새로 전학 온 학생의 기록이 10초일 때, 전학 전 A반 학생들의 50m 달리기 기록의 중앙값과 전학 후 달리기 기록의 중앙값은 각각 얼마인가?

| 7.8 | 9.6 | 7.2 | 8.3 | 10.2 | 8.8 | 7.5 | 11.2 | 8.9 |

    전학 전   전학 후
① 8.8초   8.85초
② 8.8초   8.9초
③ 10.2초   8.85초
④ 10.2초   9.25초
⑤ 10.2초   9.5초

정답 해설

전학생이 오기 전 학생 수는 9명으로 홀수이므로, 전학생이 오기 전 50m 달리기 기록의 중앙값은 다섯 번째 기록으로 그 중앙인 8.8초이다.
전학생이 온 후 학생 수는 10명으로 짝수이므로, 전학생이 온 후 50m 달리기 기록의 중앙값은 다섯 번째 기록과 여섯 번째 기록의 평균인 $\frac{8.8+8.9}{2}=8.85$초이다.

정답 ①

| 문제 3 |

다음은 A~E면접관이 응시자 갑~정에게 부여한 면접 점수에 대한 자료이다. 이를 토대로 아래 문장을 판단하시오.

〈응시자 갑~정의 면접 점수〉

(단위 : 점)

면접관 \ 응시자	갑	을	병	정
A	7	8	8	6
B	4	6	8	10
C	5	9	8	8
D	6	10	9	7
E	9	7	6	5
중앙값	( )	( )	8	( )

Q : 응시자 중 중앙값이 가장 작은 응시자는 정이다.

| 정답 | 해설 |

중앙값이 제시되어 있는 병을 제외한 갑, 을, 정의 중앙값은 각각 6점, 8점, 7점이다. 따라서 응시자 중 중앙값이 가장 작은 응시자는 갑이므로 옳지 않은 내용이다.

A : (×)

| 문제 4 |

다음은 어느 학급 전체 학생 55명의 체육점수 분포에 대한 자료이다. 이를 토대로 아래 문장을 판단하시오.

〈체육점수 분포 현황〉

점수(점)	1	2	3	4	5	6	7	8	9	10
학생 수(명)	1	0	5	10	23	10	5	0	1	0

※ 점수는 1점 단위로 1~10점까지 주어짐

Q1 : 전체 학생을 체육점수가 낮은 학생부터 순서대로 나열하면 중앙에 위치한 학생의 점수는 5점이다.
Q2 : 학급에서 가장 많은 학생이 받은 체육점수는 5점이다.

정답 해설

55는 홀수이므로 중앙값을 구하면 (55+1)÷2=28이다. 따라서 점수가 낮은 학생부터 순서대로 나열했을 때 28번째에 위치한 학생은 5점을 얻었음을 알 수 있다.

A1 : (O)

제시된 자료를 통해 학급에서 가장 많은 학생이 받은 체육점수는 5점(23명)임을 확인할 수 있으므로 옳은 내용이다.

A2 : (O)

PART 3

도표문제 풀이비법

TOPIC 16 | 선택지 판단의 강약조절

01 유형의 이해

수리능력에서 가장 중요한 것은 어찌 보면 문제를 푸는 능력이 아니라 선택지의 경중을 판별하는 센스라고 해도 과언이 아닐 것이다. 즉, 어떤 선택지를 '스킵'할 것인지를 통해 제한된 시간을 효율적으로 활용할 수 있게 하는 감각이 중요하다. 그런데 어떻게 그것을 판별할 것인가? 기본적인 몇 가지의 경우는 실제로 선택지를 풀어보지 않더라도 경중을 따질 수 있다. 예시로 가장 대표적인 몇 가지를 소개한다.

02 접근법

(1) 선택지 스캐닝과 순서 바꾸기

일단 선택지를 눈으로 읽으면서 그들 사이의 서열을 어느 정도 가늠할 수 있어야 한다. 이 과정은 단순히 읽는 과정이 아니라, 해당 선택지를 판단하기 위해서는 어떤 계산이 필요한지를 판단하는 과정임에 주의하자. 아래의 내용은 이를 위한 가장 대표적인 기준들이며, 이 기준들을 통해서 판별된 선택지들은 선택지 ①부터 ⑤까지를 순서대로 풀어갈 것이 아니라 그 경중에 따라 풀어야 한다.

시험지의 선택지 순서	스캐닝	실제 풀이 순서
① _____		③ _____
② _____		⑤ _____
③ _____	⇨	① _____
④ _____		② _____
⑤ _____		④ _____

(2) 계산이 필요 없는 선택지

선택지 4~5개 중에서 계산 없이 단순히 자료에서 해당 항목을 찾기만 해도 반드시 1~2개는 정오판별이 가능하다. 이러한 선택지는 찾아야 할 항목이 너무 많지 않다면(개인차는 있을 수 있으나 대략 5개 정도를 한계선으로 본다) 0순위로 판단해야 한다. 주로 대소관계를 따지거나 증감방향의 일치 여부가 이에 해당한다.

〈지역별 지가변동률〉

(단위 : %)

연도＼지역	수도권	비수도권
2018년	0.37	1.47
2019년	1.20	1.30
2020년	2.68	2.06
2021년	1.90	2.77
2022년	2.99	2.97
2023년	4.31	3.97
2024년	6.11	3.64

ㄱ. 비수도권의 지가변동률은 매년 상승하였다. (계산 필요 없음)
ㄴ. 비수도권의 지가변동률이 수도권의 지가변동률보다 높은 연도는 3개이다. (계산 필요 없음)
ㄷ. 전년 대비 지가변동률 차이가 가장 큰 연도는 수도권과 비수도권이 동일하다. (계산 필요)

(3) 순위 찾기

흔히 두 개 항목의 특정 연도 순위나 한 개 항목의 두 개 연도의 순위가 동일한지의 여부를 묻는 형태로 출제된다. 지금까지의 출제경향을 살펴보면 이 순위는 거의 5위권 이내에서 결정되었다. 따라서 아무리 전체 항목의 수가 많다고 하더라도 스킵하지 말고 판단하는 것을 추천한다.

- 2023년 대비 2024년 '전체 제조업계 내 순위'와 '자동차 업계 내 순위'가 모두 상승한 브랜드는 2개뿐이다.
- PC 보유율이 네 번째로 높은 지역은 인터넷 이용률도 네 번째로 높다.

(4) ㄱ, ㄴ, ㄷ, ㄹ형 선택지

ㄱ, ㄴ, ㄷ, ㄹ형 문제는 ㄱ부터 순차적으로 판단하는 것이 아니라 철저하게 전략적으로 판단해야 한다. 일단 본격적인 풀이에 들어가기에 앞서 선택지들을 훑으며 계산 없이 곧바로 판단이 가능한 것들이 있는지 살피고, 그러한 항목이 있다면 정오를 판별한 후 바로 선택지로 넘어가 소거법을 적용해야 한다. 경우에 따라서는 2개만 확인하고도 정답을 찾을 수 있으니 반드시 선택지를 활용하길 바란다.

ㄱ. 학년별 전체 상담건수 중 '상담직원'의 상담건수가 차지하는 비중이 큰 학년부터 순서대로 나열하면 1학년, 2학년, 3학년, 4학년 순서이다. (나눗셈이 필요한 선택지)
ㄴ. '진로컨설턴트'가 상담한 유형이 모두 진로상담이고, '상담직원'이 상담한 유형이 모두 생활상담 또는 학업상담이라면, '교수'가 상담한 유형 중 진로상담이 차지하는 비중은 30% 이상이다. (나눗셈이 필요한 선택지)
ㄷ. 상담건수가 많은 학년부터 순서대로 나열하면 4학년, 1학년, 2학년, 3학년 순서이다. (단순 확인)
ㄹ. 최소 한 번이라도 상담을 받은 학생 수는 4,600명 이하이다. (덧셈과 뺄셈을 이용한 단순 계산)

(5) 곱셈비교, 분수비교가 필요한 선택지

수리능력에서 가장 많이 접하게 되는 선택지이며 대부분은 정오판별을 해야 한다. 하지만 이 선택지들은 첫 번째 풀이에서는 건너뛰어야 한다. 개인차가 있을 수 있으나 대개 덧셈과 뺄셈으로 판단 가능한 선택지에 비해 2배 이상의 시간이 소요되기 때문이다.

(6) 구체적인 수치가 제시된 선택지

예를 들어 'A국의 수출액은 100만 달러 이상이다.'와 같은 선택지가 제시되었다면 거의 예외 없이 곱셈 내지는 나눗셈을 통해 구해야 하는 것이며, 대부분 주어진 자료를 한 번 가공한 후 그 수치를 이용해 다시 계산해야 하는 것들이다. 따라서 이러한 선택지는 첫 번째 풀이 단계에서는 넘기는 것이 좋다.

- 2024년 러시아의 도시폐기물량은 8,000만 톤 이상이다. (도시폐기물량 지수를 통해 역산해야 하는 선택지)
- 2024년 갑국 GDP는 1,000조 원 이상이다. (산업별 GDP 비중을 통해 역산해야 하는 선택지)

(7) 꼭 이렇게 번거롭게 풀어야 하는가?

물론, 개인의 특성에 따라 이와 같이 지그재그로 풀이하는 것이 오히려 혼란을 가져오는 경우도 있을 것이고 위의 기준 중에서도 자신과는 맞지 않는 것이 있다. 하지만 주위에서 고득점을 올리는 수험생들에게 물어보면 거의 대부분 자신만의 기준을 가지고 선택지 풀이의 강약을 조절한다는 대답을 들을 수 있을 것이다. 따라서 평소 문제를 풀이할 때는 막연히 풀어본 다음 정답을 확인하기보다는 푸는 과정에서 이런 부분은 좀 힘들었다든지, 이 유형의 선택지는 유독 시간이 오래 걸린다든지 하는 부분이 있다면 그때마다 옆에 메모해 두기 바란다. 이는 풀이하는 순간에만 느낄 수 있는 것이어서 후에 복습을 할 때에는 그 느낌을 되살리기 어렵다.

TOPIC 17 | 필수암기자료

01 큰 수 읽기

- $1,000(=10^3)$: 천
- $1,000,000(=10^6)$: 백만
- $1,000,000,000(=10^9)$: 십억
- $1,000,000,000,000(=10^{12})$: 조

02 증가율, 감소율, 변화율

- 증가율 : 증가한 것, 감소한 것을 모두 포함하여 수치 그대로 해석한다. 즉, 부호가 유의미하다.
- 감소율 : 감소한 것만 고려하여 절댓값을 비교하여 판단한다.
- 변화율 : 증가한 것, 감소한 것을 모두 포함하되 절댓값을 비교하여 판단한다. 즉, 부호가 무의미하다.

03 지속적 증가, 대체로 증가

- 지속적 증가 : 예외 없이 매 기간 해당되어야 한다.
- 대체로 증가 : 예외가 허용되며, 추세만 판단한다.

04 ~년 이후

- ×1년 이후 매년 증가하고 있다. : ×1년과 ×2년의 증가 여부부터 판단한다.
- ×1년 이후 전년 대비 매년 증가하고 있다. : ×0년과 ×1년의 증가 여부부터 판단한다.

05 비율

(A당 B)=(A 대비 B)=(A에 대한 B의 비)=$\dfrac{B}{A}$

06 분수값

$\dfrac{1}{2}$	$\dfrac{1}{3}$	$\dfrac{1}{4}$	$\dfrac{1}{5}$	$\dfrac{1}{6}$	$\dfrac{1}{7}$	$\dfrac{1}{8}$	$\dfrac{1}{9}$
50%	33.3%	25%	20%	16.7%	14.3%	12.5%	11.1%

07 비중판단

$\dfrac{A}{A+B}$와 $\dfrac{A}{B}$는 대소비교 시 동일한 효과를 가진다. 총계가 주어져 있지 않고 세부항목의 값만 주어져 있을 때 활용된다. 예를 들면, 아래의 표를 보자.

구분	남자(A)	여자(B)
K회사	80명	60명
L회사	90명	70명

만약 선택지에서 두 회사의 직원 중 남자가 차지하는 비중이 큰 회사를 찾는 경우 굳이 각 회사의 전체 사원 수인 140명, 160명을 구할 필요 없이 K회사는 $\dfrac{80}{60}$, L회사는 $\dfrac{90}{70}$을 비교하면 된다.

08 변화율의 계산

- A=B×C
  - 정확한 계산 : (A의 배율)=(B의 배율)×(C의 배율)
  - 간단한 계산 : (A의 변화율)=(B의 변화율)+(C의 변화율)

  예 1. 인구는 3배 증가하였고 1인당 물섭취량은 2배 증가하였다면 전체 물섭취량은 6배(=3×2) 증가하였다.

  2. 인구가 3% 증가하였고 1인당 물섭취량이 2% 증가하였다면 전체 물섭취량은 약 5%(=3+2) 증가하였다.

- A=B÷C
  - 정확한 계산 : (A의 배율)=(B의 배율)÷(C의 배율)
  - 간단한 계산 : (A의 변화율)=(B의 변화율)−(C의 변화율)

  예 1. 전체 예산액은 4배 증가하였고 인구는 2배 증가하였다면 1인당 예산은 2배(=4÷2) 증가하였다.
  2. 전체 예산액은 4% 증가하였고 인구는 2% 증가하였다면 1인당 예산은 약 2%(=4−2) 증가하였다.

- 1기의 변화율이 b%이고, 2기의 변화율이 c%일 때 전체 1~2기의 변화율
  - 정확한 계산 : $b+c+\dfrac{bc}{100}$
  - 간단한 계산 : $b+c$

  예 1기의 변화율이 3%이고 2기의 변화율이 2%라면 1~2기 전체의 변화율은 약 5%(=3+2)이며, 정확한 변화율의 값은 $5.06\%\left(=3+2+\dfrac{3\times 2}{100}\right)$이다.

- 단, 위의 '간단한 계산'은 B와 C의 변화율이 5% 이하일 때에는 적용 가능하나 그보다 클 때에는 오차가 발생하므로 '정확한 계산'의 산식을 이용해 풀이해야 한다. 다만, 실전에서는 5%가 넘는 변화율을 가공해 새로운 변화율을 도출하는 경우는 거의 출제되지 않는 추세이다.

09 제곱수

11^2	12^2	13^2	14^2	15^2	16^2	17^2	18^2	19^2
121	144	169	196	225	256	289	324	361

10 기본적인 단위들

(1) 길이 · 넓이 · 부피

① 길이 : 1cm=10mm, 1m=100cm, 1km=1,000m

② 넓이 : $1cm^2=100mm^2$, $1m^2=10,000cm^2$, $1km^2=1,000,000m^2$

③ 부피 : $1cm^3=1,000mm^3$, $1m^3=1,000,000cm^3$, $1km^3=1,000,000,000m^3$

(2) 들이와 무게

① 들이 : $1mL=1cm^3$, $1dL=100mL=100cm^3$, $1L=10dL=1,000cm^3$

② 무게 : 1,000mg=1g, 1,000g=1kg, 1,000kg=1t

TOPIC 18 | 곱셈비교

01 유형의 이해

수리능력의 문제를 풀다보면 가장 많이 접하게 되는 것이 두 숫자의 곱을 비교하여 어느 것이 더 큰지를 판단하는 것이다. 만약 시험장에서 계산기를 사용할 수 있다면 이는 너무나 쉬운 선택지가 되겠지만 현실은 그렇지 못하다. 그렇다고 단순히 그 숫자들을 직접 곱하기에는 시간이 너무나 아깝다. 따라서 보다 간단하게 이를 비교할 수 있는 방법을 찾아보도록 하자.

02 접근법

곱해지는 모든 숫자가 크다면 당연히 결괏값도 클 것이다. 문제는 대소관계가 서로 엇갈리는 경우이며, 수리능력에서 필요한 능력은 이들을 판단할 수 있는 능력이다.
아래의 곱셈을 살펴보자.

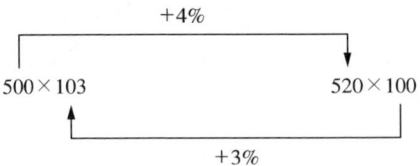

곱셈기호의 앞쪽 숫자는 오른쪽이 더 큰 반면, 뒤쪽 숫자는 왼쪽이 더 큰 형태이다. 만약 수치들의 변화율이 위와 같이 크지 않은 경우라면 변화율을 이용해 판단하는 것이 바람직하며, 변화율이 크다면 변화율보다는 배수(2배, 3배 등)를 이용해 판단하는 것이 좋다. 위의 사례에서는 오른쪽으로 커지는 힘이 왼쪽으로 커지는 힘보다 크므로 전체 값 역시 오른쪽 수치가 더 크다고 판단할 수 있다.

곱셈비교와 다음에서 다룰 분수비교는 어디까지나 편의를 위한 어림산의 일종에 불과하다. 따라서 이를 금과옥조로 여겨 시중에 나와 있는 여러 비교법을 학습하는 것은 그다지 추천하고 싶지 않다. 사람에 따라서는 이런 어림산보다 직접 계산하는 것이 더 빠른 경우도 있을 수 있고 실제 그렇게 해서 고득점을 한 경우도 있다.

> **대표예제**

다음은 조선시대 A지역 인구 및 사노비 비율에 대한 자료이다. 이를 토대로 아래 문장을 판단하시오.

<A지역 인구 및 사노비 비율>

구분 조사년도	인구(명)	인구 중 사노비 비율(%)			
		솔거노비	외거노비	도망노비	전체
1720년	2,228	18.5	10.0	11.5	40.0
1735년	3,143	13.8	6.8	12.8	33.4
1762년	3,380	11.5	8.5	11.7	31.7
1774년	3,189	14.0	8.8	12.0	34.8
1783년	3,056	14.9	6.7	9.3	30.9
1795년	2,359	18.2	4.3	6.5	29.0

※ 사노비는 솔거노비, 외거노비, 도망노비로만 구분됨
※ 비율은 소수점 둘째 자리에서 반올림한 값임

Q : A지역 사노비 수는 1774년이 1720년보다 많다.

> **정답 | 해설**

곱셈비교를 위해 1720년의 사노비 수를 표시하면 2,228×40%이고, 1774년은 3,189×34.8%이다. 여기서 3,189는 2,228에 비해 대략 40% 증가한 반면, 40은 34.8에 비해 대략 15%만 증가하였다. 따라서 1774년으로 증가하는 힘이 훨씬 더 센 상황이므로 전체 값도 1774년이 더 크다는 것을 확인할 수 있다.

A : (O)

TOPIC 19 | 분수비교

01 유형의 이해

앞에서 설명한 곱셈비교와 분수비교를 다른 방식으로 접근하는 경우를 볼 수 있다. 물론 그러한 방식이 잘못된 것은 아니지만 기본 구조가 동일한 상황에서 굳이 다른 방법으로 풀이하는 것은 오히려 혼란만 가져올 뿐이다. 이 둘은 단지 비교해야 할 대상이 곱셈의 형식으로 되어 있는지 아니면 분수의 형식으로 되어 있는지의 차이가 있을 뿐이다.

02 접근법

곱셈비교는 곱해지는 두 숫자의 대소관계가 서로 엇갈릴 때 사용하는 방법인 반면, 분수비교는 분자와 분모가 모두 어느 한쪽이 클 때 사용하는 방법이다.
즉, 아래의 분수관계가 이에 해당한다.

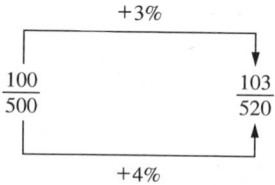

이해의 편의를 위해 앞서 살펴본 곱셈비교에서 사용한 것과 동일한 수치를 사용하였다. 이를 살펴보면 오른쪽의 분자와 분모의 숫자 모두가 큰 상황이다. 이럴 때에는 분모와 분자 각각의 증가율을 확인하여 비교하면 되는데, 이 사례에서는 분모의 증가율이 더 크므로 전체 분수값은 오른쪽의 수치가 더 작게 된다. 분모가 클수록 분수의 값은 작아지기 때문이다. 만약 증가율이 클 경우에는 곱셈비교와 같이 배수값을 활용하는 것이 더 좋다.

사실 실제 시험에 출제되는 분수들은 위의 예와 같이 분모와 분자의 자릿수가 비슷한 것보다는 어느 하나가 큰 경우가 대부분이다. 이럴 때에는 굳이 주어진 숫자들을 그대로 활용하기보다는 위의 예와 같이 비슷한 자릿수로 변환하는 것이 편리하다. 예를 들어 $\dfrac{100}{500,000}$과 $\dfrac{103}{520,000}$을 비교해야 하는 것이라면 이를 위의 예처럼 $\dfrac{100}{500}$과 $\dfrac{103}{520}$으로 변환하여 판단하는 것이다. 흔히 이를 유효숫자를 줄인다고 표현하며, 대소관계를 판단할 때에는 결과에 큰 영향을 주지 않는다.

대표예제

다음은 2024년 갑국의 대학유형별 현황에 대한 자료이다. 이를 토대로 아래 문장을 판단하시오.

〈대학유형별 현황〉

(단위 : 개, 명)

구분 \ 유형	국립대학	공립대학	사립대학	전체
학교	34	1	154	189
학과	2,776	40	8,353	11,169
교원	15,299	354	49,770	65,423
여성	2,131	43	12,266	14,440
직원	8,987	205	17,459	26,651
여성	3,254	115	5,259	8,628
입학생	78,888	1,923	274,961	355,772
재적생	471,465	13,331	1,628,497	2,113,293
졸업생	66,890	1,941	253,582	322,413

Q1 : 학과당 교원 수는 공립대학이 사립대학보다 많다.
Q2 : 입학생 수 대비 졸업생 수의 비율은 공립대학이 국립대학보다 크다.

정답 | 해설

문장에서는 '학과당 교원 수'로 제시되었으나 주어진 자료를 그대로 활용하기 위해 '교원당 학과 수'로 바꿔 판단해 보자. 물론 그럴 경우 대소관계는 반대로 판단해야 할 것이다. 이 같은 논리로 판단하면 공립대학은 10%를 조금 넘는 수준인데 반해, 사립대학은 20%에는 미치지 못하지만 공립대학보다는 크다는 것을 어림으로 확인할 수 있다. 따라서 옳은 내용이다.

A1 : (O)

위와 같은 논리로 졸업생 수 대비 입학생 수의 비율로 판단해 보면, 공립대학은 100%를 넘는 반면 국립대학은 100%에 미치지 못한다. 따라서 졸업생 수 대비 입학생 수는 공립대학이 국립대학보다 더 크므로 옳은 내용임을 알 수 있다.

A2 : (O)

TOPIC 20 | 여사건

01 유형의 이해

사전적인 의미에서 여사건이란 어떤 사건이 아닌 사건을 의미하는데, 수리능력에서는 주로 90%나 80%와 같이 높은 비율의 수치를 이용해야 할 때 사용되는 개념이다. 예를 들어 '합법체류외국인 범죄 건수가 전체 체류외국인 범죄 건수의 90% 이상'이라면 이를 직접 계산할 것이 아니라 '불법체류외국인 범죄 건수가 전체 체류외국인 범죄 건수의 10% 이하'인지의 여부를 판단하는 것이다.

02 접근법

모든 것을 다 뒤집는다고 생각하면 혼동하지 않을 수 있다. 일단 비율부터 전환하자. 즉, 90%는 10%로, '이상'은 '이하'로 바꾸는 것이다. 여기서 중요한 것은 대상을 어떻게 바꾸느냐이다. 여기서 제시하는 여사건 개념을 적용하기 위해서는 대상이 2개뿐이어야 한다. 따라서 제시문에서 A라는 대상이 주어졌다면 여사건을 적용한 후의 대상은 not A로 바꿔야 한다. 하지만 대상이 3개 이상이라고 하더라도 A와 not A의 관계로 구분될 수 있는 경우라면 무관하다.

여사건 개념에서 가장 많이 활용되는 수치는 1%, 5%, 10% 등 낮은 비율 값이다. 그런데 이 수치들을 막연히 계산하는 것보다 약간의 테크닉을 접목시키면 몇 초라도 시간을 단축시킬 수 있다. 즉, 10%는 원래 수치에서 단위가 한 자리 줄어든 것이고, 1%는 두 자리 줄어든 것, 5%는 절반에서 단위가 한 자리 줄어든 것이라고 이해하고 있으면 좋다. 이를 이용하여 2%, 20% 등으로도 응용할 수 있으니 참고하기 바란다.

대표예제

다음은 2020 ~ 2024년 갑국의 체류외국인수 및 체류외국인 범죄건수에 대한 자료이다. 이를 토대로 아래 문장을 판단하시오.

〈체류외국인수 및 체류외국인 범죄건수〉

(단위 : 명, 건)

구분 \ 연도	2020년	2021년	2022년	2023년	2024년
체류외국인수	1,168,477	1,261,415	1,395,077	1,445,103	1,576,034
합법체류외국인수	990,522	1,092,900	1,227,297	1,267,249	1,392,928
불법체류외국인수	177,955	168,515	167,780	177,854	183,106
체류외국인 범죄건수	21,235	19,445	25,507	22,914	24,984
합법체류외국인 범죄건수	18,645	17,538	23,970	21,323	22,951
불법체류외국인 범죄건수	2,590	1,907	1,537	1,591	2,033

Q : 매년 합법체류외국인 범죄건수는 체류외국인 범죄건수의 80% 이상이다.

정답 해설

80%를 구하기보다는 20%를 이용해서 판단하는 것이 효율적이다. 즉, 선택지의 내용이 옳게 되기 위해서는 체류외국인 범죄건수에서 불법체류외국인 범죄건수가 차지하는 비중이 20% 이하가 되어야 하는데 제시된 자료를 어림해 보면 모두 성립하고 있음을 알 수 있다. 따라서 옳은 내용이다.

A : (O)

TOPIC 21 | 선택지의 변형

01 유형의 이해

수리능력의 선택지에서 가장 많이 등장하는 것이 나눗셈을 통해 수치를 계산하는 것이다. 이는 '1인당 GDP' 와 같이 그 자체만으로 의미를 가지는 수치도 있을 것이고, 때로는 문제를 위해 구성된 분수일 수도 있다. 하지만 어떤 형태로 제시되든 그 본질은 무언가를 다른 수치로 나눈 값이다. 여기서 문제는 제시되는 자료의 형태가 선택지에서 요구하는 것과 반대로 되어 있는 경우가 많다는 것이다. 즉, 분모가 되어야 할 것이 실제 자료에서는 위쪽에 배치되어 있고 분자가 되어야 할 것이 아래에 배치되어 있는 경우가 그것이다. 어색함은 덜하겠지만 오른쪽과 왼쪽이 부자연스럽게 바뀌어 있는 경우도 마찬가지이다.

02 접근법

(1) 분모와 분자의 위치 교환

이를 해결할 수 있는 방법은 아주 간단하다. 선택지의 분자와 분모를 바꾸어버리는 것이다. 물론 이렇게 변형할 경우 구해야 하는 값이 부자연스러워질 수 있다. 예를 들어 '1인당 GDP'의 분모와 분자를 바꾸게 되면 'GDP당 인구'라는 다소 어색한 용어로 바뀌게 된다. 하지만 선택지의 정오를 판단하는 데에 이러한 어색함은 전혀 장애가 되지 않는다.

(2) 순위를 따지는 경우

여기서 가장 중요한 것은 그다음의 문구들이다. 즉, 애초의 선택지가 '1인당 GDP가 더 크다.'였다면 이제 판단해야 하는 선택지는 'GDP당 인구가 더 작다.'로 바뀌어야 한다. 모든 것을 다 뒤집어야 한다는 것이다. 만약 순위를 따지는 것이라면 어떻게 해야 할까? 이때는 주의해야 한다. 즉, '전체 5개국 중에서 두 번째로 크다.'가 원래의 선택지였다면 이제는 '전체 5개국 중에서 두 번째로 작다.'가 되어야 한다. 순위는 변하지 않는다는 것이다.

일부 문제에서는 애초에 출제 자체를 이와 같은 풀이법을 염두에 두고 한 것들도 있었다. 즉, 주어진 자료를 그대로 계산하면 매우 복잡한 수치가 산출되지만, 분모와 분자를 바꾸면 매우 간단한 정수로 계산되는 경우가 종종 있는 편이다.

따라서 가능하면 위에서 제시한 방법과 같이 최대한 제시된 자료를 그대로 이용할 수 있게끔 선택지를 변형하는 것에 익숙해지는 것을 추천한다. 물론, 이렇게 접근할 경우 선택지를 반대로 해석해야 하기에 실수할 가능성이 있는 것은 사실이다. 그러나 분수식을 거꾸로 해석하는 과정에서 생길 수 있는 계산 실수 및 시간 소모를 생각한다면 이 방법이 더 효율적이다.

대표예제

다음은 1930 ~ 1934년 A지역의 곡물 재배면적 및 생산량을 정리한 자료이다. 이를 토대로 아래 문장을 판단하시오.

〈A지역의 곡물 재배면적 및 생산량〉

(단위 : 천 정보, 천 석)

구분	연도	1930년	1931년	1932년	1933년	1934년
미곡	재배면적	1,148	1,100	998	1,118	1,164
	생산량	15,276	14,145	13,057	15,553	18,585
맥류	재배면적	1,146	773	829	963	1,034
	생산량	7,347	4,407	4,407	6,339	7,795
두류	재배면적	450	283	301	317	339
	생산량	1,940	1,140	1,143	1,215	1,362
잡곡	재배면적	334	224	264	215	208
	생산량	1,136	600	750	633	772
서류	재배면적	59	88	87	101	138
	생산량	821	1,093	1,228	1,436	2,612
전체	재배면적	3,137	2,468	2,479	2,714	2,883
	생산량	26,520	21,385	20,585	25,176	31,126

Q : 1934년 재배면적당 생산량이 가장 큰 곡물은 미곡이다.

정답 해설

제시된 문장은 'A당 B'에 해당하는데 주어진 자료는 이와 반대로 되어 있다. 따라서 이를 뒤집어서 '생산량당 재배면적'이 가장 작은 곡물이 미곡인지의 여부를 확인하기로 한다. 대략적으로 보아도 미곡이 아닌 서류가 약 20배 정도이므로 옳지 않다는 것을 확인할 수 있다.

A : (×)

TOPIC 22 | 매칭형

01 유형의 이해

매칭형 문제를 해결하기 위해서 가장 먼저 할 일은 주어진 조건을 적절히 조합하여 최대한 빨리 확정되는 변수를 찾는 것이다. 일반적인 난이도 수준이라면 조건 한 개 혹은 두 개를 결합하면 확정되는 변수가 나오기 마련이지만, 난이도가 올라간다면 조건들로는 변수가 확정되지 않고 경우의 수를 나누어야 하는 식으로 출제된다. 후자의 경우라면 시간 내에 풀이하기에 버거운 수준이 될 것이므로 일단 패스하는 것이 옳다.

02 접근법

(1) 조건 적용의 순서

매칭형 문제는 제시된 순서에 구애받지 않고 접근하는 순서를 자유자재로 변경할 수 있어야 한다. 특히 하나의 조건만을 언급하고 있다거나 특정 수치가 주어지는 조건은 대개 후반부에 주어지는 편인데, 이 조건들을 최우선으로 판단해야 한다. 하나의 변수를 확정 지을 수 있는 것이라면 계산이 번거로워지더라도 먼저 해결하도록 하고 항목 간의 합을 비교하는 조건은 최대한 뒤에 검토하는 것이 효율적이다. 다른 유형의 문제에서는 계산이 복잡한 선택지는 뒤에 판단하는 것이 효율적이겠지만 매칭형의 경우 하나의 변수를 확정할 수 있다면 그 조건을 먼저 판단하자.

(2) 선택지의 활용

매칭형 문제는 선택지를 이용한 소거법으로 푸는 것이 적절하다. 매칭형 문제가 난해한 이유는 주어진 조건에 따라 경우의 수가 다양해지기 때문인데, 소거법을 이용할 경우 단순히 백지상태에서 풀이하는 것에 비해 경우의 수가 줄어들 수밖에 없다. 굳이 이를 외면하는 우를 범하지 말자.

대표예제

다음은 2024년 6개 국가의 실질세부담률에 대한 자료이다. 자료와 〈조건〉에 근거하여 A ~ E에 해당하는 국가를 바르게 나열한 것은?

〈2024년 국가별 실질세부담률〉

구분 국가	독신 가구 실질세부담률(%)			다자녀 가구 실질세부담률(%)	독신 가구와 다자녀 가구의 실질세부담률 차이(%p)
		2019년 대비 증감(%p)	전년 대비 증감(%p)		
A	55.3	−0.20	−0.28	40.5	14.8
B	39.0	−2.00	−1.27	38.1	0.9
C	42.1	5.26	0.86	30.7	11.4
D	31.6	−0.23	0.05	18.8	12.8
E	39.6	0.59	−1.16	33.8	5.8
덴마크	36.4	−2.36	0.21	26.0	10.4

조건

- 2024년 독신 가구와 다자녀 가구의 실질세부담률 차이가 덴마크보다 큰 국가는 캐나다, 벨기에, 포르투갈이다.
- 2024년 독신 가구 실질세부담률이 전년 대비 감소한 국가는 벨기에, 그리스, 스페인이다.
- 스페인의 2024년 독신 가구 실질세부담률은 그리스의 2024년 독신 가구 실질세부담률보다 높다.
- 2019년 대비 2024년 독신 가구 실질세부담률이 가장 큰 폭으로 증가한 국가는 포르투갈이다.

	A	B	C	D	E
①	벨기에	그리스	포르투갈	캐나다	스페인
②	벨기에	스페인	캐나다	포르투갈	그리스
③	벨기에	스페인	포르투갈	캐나다	그리스
④	캐나다	그리스	스페인	포르투갈	벨기에
⑤	캐나다	스페인	포르투갈	벨기에	그리스

정답 해설

가장 먼저 네 번째 조건을 통해 C가 포르투갈임을 알 수 있다. 그리고 네 번째와 첫 번째 조건을 토대로 A, D가 캐나다, 벨기에라는 것을 알 수 있으며, 두 번째 조건을 통해서 A, B, E가 벨기에, 그리스, 스페인임을 확인할 수 있다. 이때 두 가지 조건 모두에 A와 벨기에가 해당되므로 A를 벨기에와 연결시키도록 한다. 그러므로 선택지 ①과 ③ 둘 중 하나가 답이 된다.
마지막으로 두 번째 조건에서 B와 E가 그리스와 스페인이라는 것을 추가로 알 수 있으며, 이를 세 번째 조건과 결합하면 B가 그리스이고, E가 스페인이라는 것을 확정할 수 있다.

정답 ①

TOPIC

23 | 빈칸이 있는 자료들

01 유형의 이해

빈칸이 주어지는 자료는 모든 수험생들을 시험에 들게 한다. 빈칸을 모두 채울 것인지 아니면 일단 선택지를 통해 판단할 것인지를 미리 결정하기가 어렵기 때문이다. 한 가지 확실한 점은 단순한 덧셈이나 뺄셈으로 빠르게 채울 수 있는 빈칸이라면 일단 채워놓고 시작하는 게 편하다는 것이다. 그런 빈칸들은 결국 선택지를 판단하는 과정에서 채워야 하기 때문이기도 하다.

02 접근법

(1) 빈칸 미리 채우기

빈칸이 4개 이하이면서 덧셈, 뺄셈과 같이 간단한 사칙연산으로만 이루어진 경우에는 미리 채워놓고 시작하는 것이 현명하다. 그리고 표의 크기가 작고, 빈칸의 개수가 적을수록 그것이 선택지에 활용될 가능성은 높아지며 빈칸이 4개 이하라면 확실하다고 봐도 무방하다. 하지만 반대로 빈칸의 수가 적더라도 항목의 수가 많은 경우(예를 들어, 주요 20개국의 특정 항목에 대한 자료)라면 기계적으로 먼저 채워 놓기보다 일단 선택지를 보고 판단하는 것이 좋다. 자료의 크기가 커진다면 꼭 그 빈칸이 아니더라도 선택지로 활용될 수 있는 것들이 많아지기 때문이다.

(2) 순위를 묻는 경우

선택지에서 순위를 묻는 경우라면 빈칸을 먼저 채우는 것이 적절하다. 왜냐하면 이런 종류의 선택지라면 결국은 그 빈칸이 어떤 수치인지가 정오를 판별하는 데에 결정적인 역할을 할 수밖에 없기 때문이다. 만약 간단한 계산만으로도 정확한 수치를 구할 수 있다면 좋겠지만 설사 그렇지 않더라도 대략적인 수치 정도는 미리 채워놓는 것이 좋다.

(3) 생각해 볼 부분

빈칸의 개수가 5개 이상인 경우는 선택지를 통해 채워야 할 때가 많은 만큼 미리 채우지 않는 것이 효율적이다. 대개 이런 자료들은 제시된 자료만으로는 빈칸을 채우기 어렵고 선택지에서 별도의 조건을 주는 경우가 많다. 또한 일반적으로 전체 합계는 숫자가 큰 경우가 대부분이므로 처음에는 계산하지 말고 선택지를 보면서 필요한 경우에만 채우자.

대표예제

다음은 조선전기(1392~1550년) 홍수재해 및 가뭄재해 발생건수에 대한 자료이다. 이를 토대로 아래 문장을 판단하시오.

〈조선전기 홍수재해 발생건수〉

(단위 : 건)

분류기간\월	1월	2월	3월	4월	5월	6월	7월	8월	9월	10월	11월	12월	합계
1392~1450년	0	0	0	0	4	12	8	3	0	0	0	0	27
1451~1500년	0	0	0	0	1	3	4	0	0	0	0	0	( )
1501~1550년	0	0	0	0	5	7	9	15	1	0	0	0	37
합계	0	0	0	0	( )	22	21	( )	1	0	0	0	( )

Q : 홍수재해 발생건수는 총 72건이며, 분류기간별로는 1501~1550년에 37건으로 가장 많이 발생했다.

정답 해설

자료의 일부가 빈칸이고 표별로 4개씩 배치되어 있음을 알 수 있다. 게다가 전체적인 구성에 비추어 볼 때 이 빈칸은 단순히 덧셈만으로 채울 수 있는 것으로 보이므로 일단 모두 채우고 시작한다. 자료의 빈칸을 채워보면 홍수재해 발생건수는 총 72건이며, 분류기간별로는 1501~1550년에 37건으로 가장 많이 발생했음을 알 수 있으므로 옳은 내용이다.

A : (O)

TOPIC 24 | 표와 그래프

01 유형의 이해

가장 대표적인 유형은 자료가 주어지고 이를 그래프로 정확히 변환했는지를 묻는 것이다. 통상 5개의 선택지 중에서 단순히 자료를 찾기만 해도 정오판별이 가능한 것이 2개, 덧셈 혹은 뺄셈과 같이 간단한 사칙연산으로 판별이 가능한 것이 2개, 복잡한 계산이 필요한 것이 1개 정도 제시되는 편이다. 표 – 그래프 변환 문제의 경우 복잡한 계산이 필요한 것에서 정답이 결정되는 경우가 상당히 많지만 일관된 경향이라고 볼 수는 없다. 종종 등장하는 '자료 – 보고서'형 문제는 외형적으로는 보고서형 문제이지만 실상은 일반적인 선택지형 문제와 동일한 유형이다. 단지 차이가 있다면 선택지의 정오판단에 거의 영향을 주지 못하는 잉여문장들이 많다는 것이다. 따라서 보고서의 내용 중 밑줄이 그어져 있지 않은 부분은 처음부터 아예 읽지도 말고 그냥 넘기기 바란다. 아주 간혹 그 부분이 있어야 의미파악이 가능한 경우도 있기는 하지만 극소수에 불과하다.

또한, 조심성이 지나친 수험생들의 경우 '보고서 작성에 사용되지 않은 자료' 유형의 선택지를 판단할 때 그 자료가 실제와 일치하는지까지 따져보기도 한다. 하지만 이는 불필요한 과정이다. 그런 경우에는 문제에서 '그래프로 바르게 표현한 것은?'과 같이 명시적으로 풀이방향을 제시한다.

02 접근법

(1) 선택지 분석의 순서

그래프 변환 문제의 경우 모든 선택지를 순서대로 체크하는 것보다 계산 없이 단순히 자료 확인만으로 정오판별이 가능한 것, 덧셈뺄셈으로 가능한 것, 그리고 비율 등 나눗셈을 통해 계산해야 하는 것의 순서로 체크하여야 한다.

(2) 복잡한 계산이 필요한 선택지

가장 기본적인 원칙은 이러한 유형은 해당 선택지를 제외한 나머지를 모두 판단하여 정오가 판별이 되면 굳이 계산을 하지 않는 것이며, 나머지가 모두 옳으면 이 선택지를 곧바로 답으로 체크하는 것이다. 하지만 어느 경우에도 해당하지 않는다면 직접 계산하기보다는 특정 수치를 넘는지 여부를 확인하는 정도면 충분하다.

(3) 직접적인 근거로 활용되지 않은 자료

여기서 자료란 그래프와 표 어느 형태로든지 제시될 수 있다. 이 유형은 반드시 선택지를 보고 그 선택지가 필요한 자료가 있는지 역으로 찾아봐야 한다. 간혹 〈보고서〉에는 존재하지만 선택지에는 없는 자료들이 등장하기 때문이다. 이런 경우는 문제를 보고 선택지를 찾아갈 경우 불필요한 시간소모가 있을 수밖에 없다.

> 대표예제

다음은 2019 ~ 2024년 갑국의 화재발생 현황에 대한 자료이다. 이를 이용하여 작성한 아래의 그래프를 판단하시오.

〈갑국의 화재발생 현황〉

(단위 : 건, 명)

연도 \ 구분	화재발생건수	인명피해자수	구조활동건수
2019년	43,249	2,222	427,735
2020년	40,932	2,184	400,089
2021년	42,135	2,180	451,050
2022년	44,435	2,093	479,786
2023년	43,413	2,024	609,211
2024년	44,178	2,197	655,485
평균	43,057	2,150	503,893

Q : 화재발생건수 대비 인명피해자수 비율에 대한 그래프

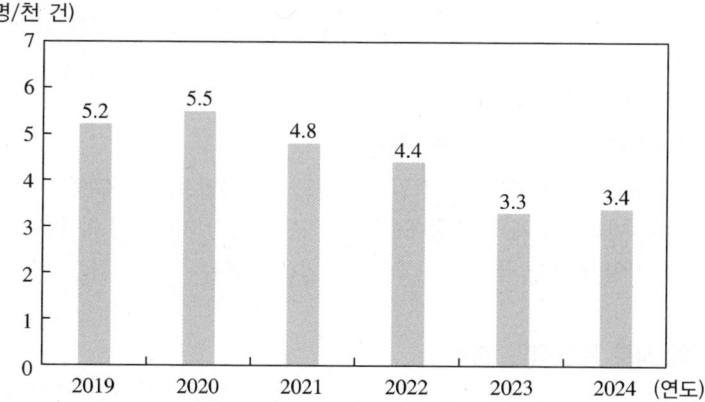

> 정답 | 해설

주어진 수치들이 비슷한 상황이므로 구체적인 수치를 직접 구하지 않고 인접한 수치들 간의 분수비교를 통해 증감방향만 우선적으로 검토한다. 그중에서 변화폭이 큰 2020 ~ 2021년과 2022 ~ 2023년을 비교하되, 만약 이들이 옳은 것으로 판단되면 나머지 연도는 일단 보류하고 다음 선택지로 넘어가는 것이 효율적이다.
그래프의 세로축은 화재발생건수 천 건당 인명피해자수를 나타내고 있다. 2019년만 계산해 보면 그 비율은 51.3으로 십단위 수로 나타나므로 그래프의 수치와 다르다. 또한 주어진 그래프는 화재발생건수 대비 인명피해자수 비율이 아니라 구조활동건수 대비 인명피해자수 비율에 대한 그래프이다.

A : (×)

TOPIC 25 | 적어도(최소 교집합)

01 유형의 이해

예를 들어 전체 직원이 100명인 회사에 다니는 직원이 경기도 거주자일 확률은 70%이고 남자일 확률은 60%라고 해 보자. 그렇다면 어떠한 직원이 경기도 거주자이면서 남자일 확률은 얼마일까? 최소 교집합, 즉 '적어도' 유형이 이에 해당한다. 즉, 서로 독립적인 관계를 가지는 복수의 속성을 모두 가지는 대상이 얼마나 되는지를 추산해 보는 것이다. 이는 두 개 이상의 속성이 독립적이지 않고 서로 상하 관계를 가지는 경우와 비교하면 확연히 구분할 수 있다. 경기도 거주자일 확률이 70%이고, 경기도 거주자 중 분당 거주자일 확률이 10%일 때 어떠한 직원이 분당 거주자일 확률은 얼마일까?

02 접근법

(1) 두 개의 속성이 서로 독립적이지 않은 경우

먼저, 후자의 경우를 생각해 보자. 어떤 직원이 경기도 거주자일 확률과 그중 분당 거주자일 확률은 서로 상하관계에 있다. 따라서 전체 직원 중에서 어떤 직원이 분당 거주자일 확률은 경기도 거주자일 확률과 그중 분당 거주자일 확률을 곱한 값인 7%임을 알 수 있다.

(2) 두 개의 속성이 서로 독립적인 경우

하지만, 전자의 경우는 다르다. 어떤 직원이 경기도 거주자일 확률과 남자일 확률은 둘 사이에 어떠한 관계도 없는 독립적인 속성이다. 따라서 두 개의 속성을 모두 가지는, 즉 경기도 거주자이면서 남자일 확률은 위의 (1)과 같이 둘을 곱해서 구할 수 없다.

이해를 편하게 하기 위해 질문을 '전체 직원이 100명인 회사에 경기도 거주자는 70명이고, 남자는 60명이다. 그렇다면 경기도 거주자인 남자직원은 몇 명일까?'로 바꿔보자. 만약 이 둘을 동시에 충족하는 직원이 없다면 이 회사의 직원은 최소 130명이 되어야 한다. 그런데 이 회사의 직원 수는 100명이라고 하였으므로 최소 30명은 둘을 모두 충족시킬 수밖에 없다. 물론 이 30명은 어디까지나 최소치일 뿐이며 남자 60명이 모두 경기도 거주자일 수도 있다. 따라서 경기도 거주자인 남자직원은 최소 30명, 최대 60명이 됨을 알 수 있다.

위에서 서술한 내용은 'A+B−N'이라는 공식으로 표현할 수 있다. 따라서 위의 내용을 정확히 이해했다면 앞으로는 A(경기도 거주자)+B(남자)−N(전체 직원수)=30으로 간단하게 계산하기 바란다. 그래도 여전히 자신이 없는 수험생이라면 벤다이어그램을 직접 그려본 후 일식이 일어나는 것처럼 두 원을 서서히 겹쳐보자.

대표예제

다음은 A프랜차이즈의 지역별 가맹점수 및 결제 실적과 가맹점 규모별 결제 실적에 대한 자료이다. 이를 토대로 아래 문장을 판단하시오.

〈A프랜차이즈의 지역별 가맹점수, 결제건수 및 결제금액〉

(단위 : 개, 건, 만 원)

지역	구분	가맹점수	결제건수	결제금액
서울		1,269	142,248	241,442
6대 광역시	부산	34	3,082	7,639
	대구	8	291	2,431
	인천	20	1,317	2,548
	광주	8	306	793
	대전	13	874	1,811
	울산	11	205	635
전체		1,363	148,323	257,299

〈A프랜차이즈의 가맹점 규모별 결제건수 및 결제금액〉

(단위 : 건, 만 원)

가맹점 규모	구분	결제건수	결제금액
소규모		143,565	250,390
중규모		3,476	4,426
대규모		1,282	2,483
전체		148,323	257,299

Q : 서울지역 소규모 가맹점의 결제건수는 137,000건 이하이다.

정답 해설

만약 중규모 가맹점과 대규모 가맹점이 모두 서울지역에 위치하고 있다면 이 둘의 결제건수인 4,758건이 모두 서울지역에서 발생한 것이 된다. 그러므로 서울지역의 결제건수인 142,248건에서 4,758건을 차감한 137,490건이 소규모 가맹점 결제건수로 가능한 최소 건수이다. 따라서 옳지 않은 내용이다.

A : (×)

PART 4

비율을 이용한 도표분석

TOPIC 26 | 절반의 활용 – 50%

01 유형의 이해

50%를 묻는 선택지는 매우 쉬운 것에 속하지만 의외로 많은 부분에서 등장한다. 이는 단순히 선택지의 정오를 판별하는 것에 그치지 않고 보다 빠르게 판별할 수 있는 능력이 필요함을 의미한다. 실제 기출문제들을 살펴보면 명시적으로 절반 내지는 50%라는 표현이 주어지는 경우도 있지만, 그렇지 않더라도 의미상 50%의 개념을 적용해 풀이하는 경우도 적지 않다.

02 개념 익히기

> 2배는 50%로 변환하라.

예를 들어, 아래와 같은 구성을 가진 표를 생각해 보자.

A	B	C	D	합계
xx	xx	xx	xx	xx

만약 선택지에서 A가 A가 아닌 것들보다 큰지의 여부를 묻고 있다면 이는 A와 (B+C+D)를 비교하라는 것이 아니라 A가 합계의 50%보다 큰지를 묻고 있는 것이다. 이와 같은 풀이법은 최대한 손으로 풀이하는 것을 피하고 눈으로 빠르게 어림할 수 있게 하는 핵심적인 방법이므로 앞으로 3개의 챕터에 걸쳐 자세히 설명하고자 한다.

50%와 동전의 양면처럼 붙어다니는 것이 바로 2배의 개념이다. 만약 A가 B의 50%라고 한다면, B는 A의 2배가 되기 때문인데, 실제 문제 풀이 과정에서는 이 둘을 자유자재로 변환할 수 있어야 한다. 통상 2배로 푸는 것보다는 50%, 즉 절반으로 변환하여 푸는 것이 어림산 내지는 암산에 더 효율적이다.

대표예제

다음은 성별 국민연금 가입자 현황이다. 이를 토대로 아래 문장을 판단하시오.

〈성별 국민연금 가입자 수〉
(단위 : 명)

구분	사업장 가입자	지역 가입자	임의 가입자	임의계속 가입자	합계
남성	8,059,994	3,861,478	50,353	166,499	12,138,324
여성	5,775,011	3,448,700	284,127	296,644	9,804,482
합계	13,835,005	7,310,178	334,480	463,143	21,942,806

Q1 : 남성 사업장 가입자 수는 남성 지역 가입자 수의 2배 미만이다.
Q2 : 여성 사업장 가입자 수는 나머지 여성 가입자 수를 모두 합친 것보다 적다.
Q3 : 전체 지역 가입자 수는 전체 사업장 가입자 수의 50% 미만이다.

정답 | 해설

이 문장의 경우는 단순히 남성 지역 가입자 수에 2배를 곱한 값과 남성 사업장 가입자 수를 비교하여 옳지 않은 내용임을 알 수 있다. 하지만 다른 문제에서의 응용을 위해 선택지를 뒤집어 생각해 보자. 이 문장을 '남성 지역 가입자 수는 남성 사업장 가입자 수의 절반 이상이다.'로 바꿔보면 처음에 풀이했던 것보다 명확하게 정오가 드러난다는 것을 알 수 있다.

A1 : (×)

전체 여성 가입자 전체의 수인 9,804,482명에서 5,775,011명을 뺀 4,029,471명과 5,775,011명을 비교하여 대소를 비교하였는가? 물론 그렇게 해도 답은 구할 수 있다. 하지만 '여성 사업장 가입자 수'가 '나머지 여성 가입자 수'를 모두 합친 것보다 적다는 것은 결국 '여성 사업장 가입자 수'가 '전체 여성 가입자'의 절반에 미치지 못한다는 것과 같은 의미이다.

A2 : (×)

선택지에서 50% 내지는 절반이라는 표현을 사용하는 경우는 드문 편이다. 설사 출제된다고 하더라도 이 문장과 같이 50% 미만 내지는 이상과 같이 정확한 수치를 묻는 것이 아니라 범위를 묻는 것에 그치는 편이다. 따라서 이와 같은 선택지를 만나게 되면 복잡하게 생각할 것 없이 어림하여 약 13,800,000의 절반이 7,300,000보다 큰지 작은지만 판단하면 된다.

A3 : (×)

| 문제 1 |

다음은 12개 국가의 인구 및 국내총생산에 대한 자료이다. 이를 토대로 아래 문장을 판단하시오.

<12개 국가의 인구 및 국내총생산>

(단위 : 명, 달러)

국가	인구	국내총생산
필리핀	109,581,708	330,910
파키스탄	220,892,340	314,588
칠레	19,116,201	298,231
핀란드	5,540,720	276,743
방글라데시	164,689,383	274,025
베트남	97,338,579	245,214
그리스	10,423,054	218,032
뉴질랜드	4,822,233	204,924
카타르	2,881,053	191,362
헝가리	9,660,351	157,883
에콰도르	17,643,054	108,398
슬로바키아	5,459,642	105,905
평균	55,670,693	227,185

Q : 그리스의 국내총생산 대비 에콰도르의 국내총생산의 비율은 50% 이하이다.

| 정답 | 해설 |

그리스의 국내총생산은 218,032달러이고, 에콰도르의 국내총생산은 108,398달러인데 계산의 편의를 위해 앞의 세 자리를 유효숫자로 두면 그리스는 218, 에콰도르는 108이 된다. 이때 그리스의 국내총생산의 절반(50%)은 109이므로 에콰도르의 108에 비해 크다. 따라서 그리스의 국내총생산 대비 에콰도르의 국내총생산의 비율은 50% 이하가 된다.

A : (O)

| 문제 2 |

다음은 주요 국가별 2022~2024년의 수출액과 수입액에 대한 자료이다. 이를 토대로 아래 문장을 판단하시오.

〈국가별 수출·수입액〉

(단위 : 백만 달러)

대륙	국가	2022년		2023년		2024년	
		수출액	수입액	수출액	수입액	수출액	수입액
아시아	한국	495,426	406,193	573,694	478,478	604,860	535,202
	이스라엘	60,401	65,805	61,126	69,151	62,159	79,261
	터키	142,696	198,569	157,174	233,758	168,228	222,444
북아메리카	캐나다	393,452	412,863	423,395	442,574	451,776	468,665
	멕시코	373,939	387,064	409,401	420,369	450,572	464,277
	미국	1,451,024	2,249,944	1,546,273	2,408,476	1,664,085	2,614,327
유럽	라트비아	145,139	150,123	160,294	166,626	177,211	183,910
	벨기에	398,218	379,377	430,496	408,861	464,385	447,934
	체코	162,716	143,041	182,236	163,374	202,626	184,893
	덴마크	95,206	85,270	101,663	92,363	107,753	101,398
	독일	1,334,355	1,055,326	1,447,992	1,162,751	1,560,983	1,285,442
	그리스	28,052	48,205	32,501	56,656	39,500	65,119
	헝가리	102,979	91,400	113,675	103,782	123,850	115,971
	네덜란드	570,606	500,797	651,975	574,563	721,236	643,793
	폴란드	203,936	199,623	234,253	233,704	260,533	266,427
	스페인	287,213	310,615	319,442	351,023	343,836	386,073
	스웨덴	139,291	140,985	152,905	154,196	165,936	170,164
	스위스	213,821	176,220	224,079	188,820	238,490	206,456
	영국	404,262	583,463	436,465	612,971	468,053	652,252
오세아니아	호주	192,466	196,192	231,055	228,772	257,183	235,374
	뉴질랜드	33,753	35,935	38,102	40,128	39,613	43,876

Q : 2024년의 경우 터키의 수입액 대비 헝가리의 수입액의 비율은 50% 이하이다.

정답 해설

2024년 터키의 수입액은 222,444백만 달러이고, 헝가리의 수입액은 115,971백만 달러인데 계산의 편의를 위해 앞의 세 자리를 유효숫자로 두면 터키는 222이고, 헝가리는 115가 된다. 이때 터키의 수입액의 절반(50%)은 111이므로 헝가리의 115에 비해 작다. 따라서 터키의 수입액 대비 헝가리의 수입액의 비율은 50% 이상이다.

A : (×)

| 문제 3 |

다음은 K공단에서 발표한 2017~2024년까지의 국민연금 가입자에 대한 자료이다. 이를 토대로 아래 문장을 판단하시오.

〈2017~2024년 국민연금 가입자〉

(단위 : 개소, 명)

구분	총가입자	사업장	사업장 가입자
2017년	16,277,826	250,729	5,951,918
2018년	16,498,932	287,092	6,288,014
2019년	17,181,778	423,032	6,958,794
2020년	17,070,217	573,727	7,580,649
2021년	17,124,449	646,805	7,950,493
2022년	17,739,939	773,862	8,604,823
2023년	18,266,742	856,178	9,149,209
2024년	18,335,409	921,597	9,493,444

Q : 2024년의 경우 사업장 가입자는 총가입자의 50%를 넘는다.

정답 해설

2024년 사업장 가입자는 9,493,444명이고, 총가입자는 18,335,409명인데 계산의 편의를 위해 앞의 두 자리 또는 세 자리를 유효숫자로 두면 사업장 가입자는 94이고 총가입자는 183이 된다. 이때 총가입자의 절반(50%)은 91.5이므로 사업장 가입자의 94보다 작다. 따라서 사업장 가입자는 총가입자의 50%를 넘는다.

A : (○)

문제 4

다음은 어느 나라의 최종에너지 소비량에 대한 자료이다. 이를 토대로 아래 문장을 판단하시오.

〈2022 ~ 2024년 유형별 최종에너지 소비량 비중〉

(단위 : %)

구분	석탄		석유제품	도시가스	전력	기타
	무연탄	유연탄				
2022년	2.7	11.6	53.3	10.8	18.2	3.4
2023년	2.8	10.3	54.0	10.7	18.6	3.6
2024년	2.9	11.5	51.9	10.9	19.1	3.7

〈2024년 부문별·유형별 최종에너지 소비량〉

(단위 : 천 TOE)

구분	석탄		석유제품	도시가스	전력	기타	합계
	무연탄	유연탄					
산업	4,750	15,317	57,451	9,129	23,093	5,415	115,155
가정·상업	901	4,636	6,450	11,105	12,489	1,675	37,256
수송	0	0	35,438	188	1,312	0	36,938
기타	0	2,321	1,299	669	152	42	4,483
합계	5,651	22,274	100,638	21,091	37,046	7,132	193,832

Q : 2024년 산업부문의 최종에너지 소비량은 전체 최종에너지 소비량의 50% 이상을 차지한다.

정답 해설

2024년 산업부문의 최종에너지 소비량은 115,155천 TOE이고, 전체 최종에너지 소비량은 193,832천 TOE이다. 계산의 편의를 위해 앞의 세 자리를 유효숫자로 두면 산업부문의 최종에너지 소비량은 115이고, 전체 최종에너지 소비량은 193이다. 전체 최종에너지 소비량의 절반(50%)은 96.5이며, 산업부문의 최종에너지 소비량인 115보다 작다. 따라서 2024년 산업부문의 최종에너지 소비량이 전체 최종에너지 소비량의 50% 이상을 차지하고 있음을 알 수 있다.

A : (O)

TOPIC 27 | 자릿수만으로 해결 – 5%

01 유형의 이해

앞서 50%에 대한 접근법을 이해했다면 5%는 너무나 간단하게 해결할 수 있다. 50% 값에서 자릿수만 하나 당겨주면 되기 때문이다. 하지만 많은 수험생들이 50%는 잘 처리하면서 5% 값은 굳이 5를 곱한 후 100으로 나눠주는 방법으로 풀이하고 있다. 문제들을 살펴보면 5% 값을 명시적으로 묻는 경우는 드문 편이지만 그 아이디어는 많은 문제에서 활용 가능하다. 예를 들어 2.5%는 5%의 절반이며, 15%는 자릿수를 하나 당겨준 10% 값에 5%를 더한 것이다.

02 개념 익히기

> (5% 값) = (절반에서 자릿수를 하나 당긴 것)

많은 경우에 5%를 비롯하여 2.5% 등 한 자릿수 비율을 구하는 문제는 기본 수치 자체가 큰 경우가 대부분이다. 즉, 어떠한 항목의 값이 전체의 5%에 미달되는지 초과하는지를 묻는 경우에 전체 값이 적게는 수만, 많게는 수천만에 이르는 경우가 많다. 이 경우에 앞서 언급한 것처럼 5를 곱하여 100으로 나눠주는 방법으로 풀이할 경우 단위도 단위이거니와 자칫 반올림을 잘못할 경우 대소관계가 뒤바뀌는 경우가 발생할 수 있다. 따라서 한 자릿수의 비율값을 구할 때에는 반드시 이 접근법으로 풀이하기 바란다.

대표예제

다음은 2018 ~ 2024년 갑국의 신설법인 현황에 대한 자료이다. 이를 토대로 아래 문장을 판단하시오.

〈갑국의 신설법인 현황〉

(단위 : 개)

업종 연도	농림 수산업	제조업	에너지 공급업	건설업	서비스업	전체
2018년	1,077	14,818	234	6,790	37,393	60,312
2019년	1,768	15,557	299	6,593	40,893	65,110
2020년	2,067	17,733	391	6,996	46,975	74,162
2021년	1,637	18,721	711	7,069	47,436	75,574
2022년	2,593	19,509	1,363	8,145	53,087	84,697
2023년	3,161	20,155	967	9,742	59,743	93,768
2024년	2,391	19,037	1,488	9,825	63,414	96,155

Q : 2020년의 경우 에너지공급업 신설법인 수는 건설업의 5% 이상이다.

정답 해설

50%와 5%는 심리적으로 다르게 느껴지지만 50%에서 한 자리를 줄인 것이 5%라는 것을 생각하면 전혀 부담스러울 것이 없다. 즉, 처음부터 2020년의 건설업 신설법인 수인 6,996개의 5%를 구하려고 하지 말고 일단 6,996개의 절반(50%)을 구하는 것이 효율적이다. 이때 복잡하게 6,996의 50%를 구하지 말고 근사치를 구하는 것이 더 간단하다. 6,996은 7,000에 불과 4가 작을 뿐이므로 6,996의 50%는 7,000의 50%인 3,500보다 아주 약간 작을 것이라는 것을 알 수 있다. 그리고 여기서 한 자리를 줄인 5% 값은 350보다 약간 작은 수치가 될 것이므로 2020년의 에너지공급업 신설법인 수는 건설업의 5% 이상임을 알 수 있다.

A : (○)

| 문제 1 |

다음은 2024년 행정구역별 공동주택의 실내 라돈 농도에 대한 자료이다. 이를 토대로 아래 문장을 판단하시오.

〈행정구역별 공동주택 실내 라돈 농도〉

항목 행정구역	조사대상 공동주택수(호)	평균값(Bq/m^3)	중앙값(Bq/m^3)	200Bq/m^3 초과 공동주택수(호)
서울특별시	532	66.5	45.4	25
부산광역시	434	51.4	35.3	12
대구광역시	437	61.5	41.8	16
인천광역시	378	48.5	33.8	9
광주광역시	308	58.3	48.2	6
대전광역시	201	110.1	84.2	27
울산광역시	247	55.0	35.3	7
세종특별자치시	30	83.8	69.8	1
경기도	697	74.3	52.5	37
강원도	508	93.4	63.6	47
충청북도	472	86.3	57.8	32
충청남도	448	93.3	59.9	46
전라북도	576	85.7	56.7	40
전라남도	569	75.5	51.5	32
경상북도	610	72.4	48.3	34
경상남도	640	57.5	36.7	21
제주특별자치도	154	68.2	40.9	11
전국	7,241	-	-	403

Q : 조사대상 공동주택 중 실내 라돈 농도가 실내 라돈 권고 기준치(200Bq/m^3)를 초과하는 공동주택의 비율이 5% 이상인 행정구역은 9곳이다.

정답 해설

정확한 수치를 구하는 것이 아니라 5% 이상인지의 여부만 파악하면 된다. 따라서 굳이 절반(50%)에서 한 자리를 줄이는 과정을 거칠 필요 없이 단순하게 전체 공동주택 수의 절반을 어림한 후 앞의 두 자리만 떼어서 비교하는 것이 좋다. 예를 들어 서울특별시의 경우는 532의 절반이 266이므로 26과 25를 비교하는 것이다. 이와 같은 방법을 따른다면 기준치를 초과하는 공동주택의 비율이 5% 이상인 행정구역은 대전광역시, 경기도, 강원도, 충청북도, 충청남도, 전라북도, 전라남도, 경상북도, 제주특별자치도 9곳이므로 옳은 내용이다.

A : (O)

| 문제 2 |

다음은 2015 ~ 2024년 범죄별 발생건수에 대한 자료이다. 이를 토대로 아래 문장을 판단하시오.

〈2015 ~ 2024년 범죄별 발생건수〉

(단위 : 천 건)

구분	2015년	2016년	2017년	2018년	2019년	2020년	2021년	2022년	2023년	2024년
사기	282	272	270	266	242	235	231	234	241	239
절도	366	356	371	354	345	319	322	328	348	359
폭행	139	144	148	149	150	155	161	158	155	156
방화	5	4	2	1	2	5	2	4	5	3
살인	3	11	12	13	13	15	16	12	11	14

Q : 2015년 대비 2024년 전체 범죄 발생건수 감소율은 5% 이상이다.

정답 해설

2015년 전체 범죄 발생건수는 282+366+139+5+3=795천 건이고, 2024년에는 239+359+156+3+14=771천 건이다. 전체 범죄 발생건수는 2024년에 2015년보다 795-771=24천 건 감소하였다. 문장에서 2015년 대비 2024년 전체 범죄 발생건수 감소율이 5% 이상인지 물었으므로, 24가 795의 5% 이상인지 확인하면 된다. 795는 800에서 5가 작으므로 795의 50%는 800의 50%인 400보다 약간 작을 것임을 알 수 있다. 그리고 여기서 한 자리를 줄인 5% 값은 40보다 약간 작은 수치가 될 것이므로 2015년 대비 2024년 전체 범죄 발생건수 감소율은 5% 미만이다.

A : (×)

| 문제 3 |

다음은 지난 1개월간 패밀리레스토랑 방문경험이 있는 20~35세 여성 113명을 대상으로 연령대별 방문횟수와 직업을 조사한 자료이다. 이를 토대로 아래 문장을 판단하시오.

〈응답자의 연령대별 방문횟수 조사결과〉

(단위 : 명)

방문횟수 \ 연령대	20~25세	26~30세	31~35세	합계
1회	19	12	3	34
2~3회	27	32	4	63
4~5회	6	5	2	13
6회 이상	1	2	0	3
합계	53	51	9	113

〈응답자의 직업 조사결과〉

(단위 : 명)

직업	응답자
학생	49
회사원	43
공무원	2
전문직	7
자영업	9
가정주부	3
합계	113

※ 복수응답과 무응답은 없음

Q : 전체 응답자 중 20~25세인 전문직 응답자 비율은 5% 미만이다.

| 정답 해설 |

주어진 자료에 특별한 제한이 없는 상황이다. 따라서 전문직 응답자의 수인 7명이 모두 20~25세에 해당할 수 있으므로 이 문장은 7이 113의 5%에 미치지 못하느냐를 판단하는 것으로 이해할 수 있다. 그런데 113의 절반은 60에 미치지 못하며, 여기서 자릿수를 하나 줄이면 6에 미치지 못한다는 것을 알 수 있으므로 7은 113의 5%를 넘는다.

A : (×)

| 문제 4 |

다음은 한국인의 성별 기대수명에 대한 자료이다. 이를 토대로 아래 문장을 판단하시오.

<한국인의 성별 기대수명>

성별 연도 구분	여성		남성	
	순위(위)	기대수명(세)	순위(위)	기대수명(세)
2020년	19	80.8	26	73.9
2023년	13	82.4	23	75.7
2026년	6	83.8	20	76.8

※ 순위는 OECD국가 중 한국의 순위를 말함

Q : 2020년 대비 2026년 한국 남성의 기대수명은 5% 이상 증가하였다.

정답 해설

2020년 한국 남성의 기대수명은 73.9세이고 2026년은 76.8세이므로 증가폭은 2.9세이다. 그런데 73.9의 절반(50%)이 30을 훨씬 넘는 상황이므로 5% 역시 3보다 크게 되어 증가율은 5%에 미치지 못한다는 것을 알 수 있다.

A : (×)

TOPIC

28 | 복잡한 비율 - 20%, 35%

01 유형의 이해

비율을 활용하는 문제는 대부분 앞서 본 기본 비율(5%, 10%, 50%)이 아닌 20%, 35% 등 보다 복잡한 수치가 주어지는 편이다. 하지만 이러한 비율들도 결국에는 기본 비율들의 조합으로 얼마든지 풀이가 가능하다. 물론 18%, 37%와 같이 기본 비율로는 해결하기 곤란한 수치들이 등장하는 경우도 많다. 하지만 이 경우는 이상, 이하와 같이 대소관계를 따지는 것이 아닌 구체적인 확정값을 구해야 하는 경우가 대부분이다(물론 이 경우도 기본 비율을 통해 어림값을 구할 수는 있다).

02 개념 익히기

> 복잡한 비율은 기본 비율로 분해하라.

앞서 본 방법을 확실하게 체화했다면 이 단계에서는 특별하게 추가할 것은 없다. 단지 그 기본 비율들을 적절하게 분해하여 빠르게 풀이하면 되기 때문이다.

물론, 단순하게 직접 곱셈을 하여 풀이할 수도 있으며 그것이 더 빠른 사람이 있을 수 있다. 하지만 다른 시험과 달리 NCS 직업기초능력평가의 경우는 수리능력만을 테스트하는 것이 아니라 의사소통능력, 문제해결능력, 자원관리능력 등 다른 능력들과 하나의 세트를 이루어 시험을 치러야 한다. 즉, 시간을 단축할 수 있는 영역에서 최대한 시간을 벌어놓고 문제해결능력 등과 같이 시간 소모가 많은 영역에 시간을 투자해야 한다는 것이다. 영어시험의 예를 들자면 독해에 시간을 확보하기 위해 어휘와 문법문제를 빠르게 푸는 것과 같은 것이다.

NCS 직업기초능력평가에서 이것이 가능한 영역은 수리능력뿐이라고 해도 과언이 아니며, 그러기 위해서는 이와 같은 계산법이 필수적이다.

대표예제

다음은 연령별 일주일간 운동 횟수와 1회 운동 시 평균운동시간에 대한 설문조사 결과를 정리한 자료이다. 이를 토대로 아래 문장을 판단하시오.

〈연령별 일주일간 운동 횟수〉

(단위 : 명)

구분	2022년			2023년			2024년		
	1회	2회	3회 이상	1회	2회	3회 이상	1회	2회	3회 이상
10대	21	16	9	14	13	10	14	15	8
20대	14	12	11	17	10	22	18	12	20
30대	17	10	19	6	9	29	5	7	30
40대	13	15	22	12	16	23	12	16	23
50대	10	5	5	15	3	10	15	4	10
60대	12	17	10	14	13	12	14	13	12
70대 이상	6	5	12	5	8	9	6	6	9

〈1회 운동 시 평균운동시간〉

(단위 : 명)

구분	30분 미만	30분 이상 1시간 미만	1시간 이상 2시간 미만	2시간 이상	합계
2019년	78	85	65	33	261
2020년	76	92	54	38	260
2021년	75	82	103	42	302
2022년	67	96	95	22	280
2023년	59	88	89	34	270
2024년	52	81	92	44	269

Q1 : 2022년에 전년 대비 1회 운동시간이 30분 이상 1시간 미만인 회원은 20% 이하로 상승했다.
Q2 : 2024년에 주 2회 운동하는 70세 이상 회원들은 2022년보다 35% 이상 증가했다.

정답 해설

2021년의 82명에서 2022년의 96명으로 몇 퍼센트 증가했는지를 구하는 것이 아니라 82명의 20% 값을 구한 후에 82를 더한 값이 96명보다 작은지를 판단하는 것이 효율적이다. 물론 82의 20% 값은 복잡한 과정을 거칠 필요 없이 16.4로 간단히 구할 수 있지만 수치가 82가 아닌 더 큰 값인 경우를 대비하여 앞서 설명한 방법대로 풀이해 보자. 먼저 82의 10% 값은 자릿수를 하나 당긴 것이므로 8.2이며, 20%는 이의 2배이므로 82의 20% 값은 16.4임을 알 수 있다. 그리고 82를 더하면 98.4가 되어 96보다 크다는 것을 알 수 있다.

A1 : (O)

위의 문장과 달리 이 경우는 수치 자체가 작아 굳이 암산을 이용한 방법을 쓸 필요가 없으므로 직접 계산해 보자. 2024년에 주 2회 운동하는 70세 이상 사람들은 6명이며, 2022년에는 5명이므로 $\frac{6-5}{5} \times 100 = 20\%$ 증가했다. 따라서 35% 미만 증가했으므로 옳지 않은 내용이다.

A2 : (×)

| 문제 1 |

다음은 K국제기구가 발표한 2024년 3월 ~ 2025년 3월의 식량 가격지수에 대한 자료이다. 이를 토대로 아래 문장을 판단하시오.

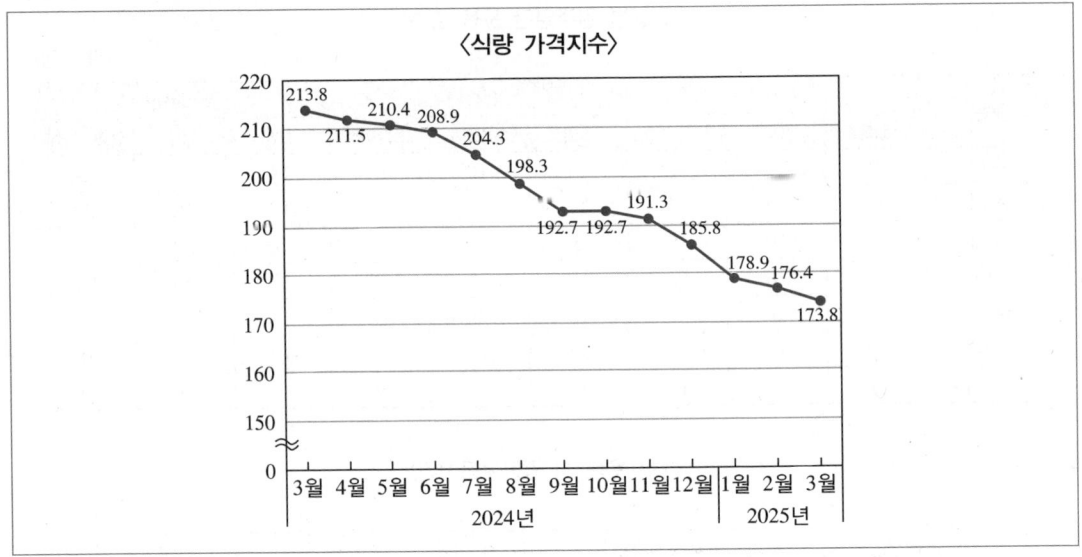

Q : 2025년 3월의 식량 가격지수는 2024년 3월에 비해 15% 이상 하락했다.

정답 해설

자료에서 2024년 3월의 식량 가격지수는 213.8이고, 이의 10%는 약 21.4, 5%는 약 10.7이므로 15%는 대략 32.1임을 알 수 있다. 그러므로 213.8에서 15% 감소한 값은 약 181.7이고, 이는 2025년 3월의 식량 가격지수 173.8보다 크다. 따라서 옳은 내용임을 알 수 있다.

A : (O)

| 문제 2 |

다음은 민간 분야 사이버 침해사고 발생현황에 대한 자료이다. 이를 토대로 아래 문장을 판단하시오.

〈민간 분야 사이버 침해사고 발생현황〉
(단위 : 건)

구분	2021년	2022년	2023년	2024년
홈페이지 변조	6,490	10,148	5,216	3,727
스팸릴레이	1,163	988	731	365
기타 해킹	3,175	2,743	4,126	2,961
단순침입시도	2,908	3,031	3,019	2,783
피싱 경유지	2,204	4,320	3,043	1,854
전체	15,940	21,230	16,135	11,690

Q : 2023년 홈페이지 변조 분야의 침해사고 건수가 차지하는 비중은 35% 이하이다.

| 정답 | 해설 |

자료에서 2023년 전체 침해사고 발생건수는 16,135건이고, 이의 50%는 약 8,607건, 10%는 약 1,613.5건, 5%는 약 806.7건이므로 15%는 대략 2420.2건임을 알 수 있다. 50%인 8,067건에서 15%를 빼면 35%는 약 5,646.8건이고, 이는 2023년 홈페이지 변조 분야의 침해사고 건수인 5,216건보다 크다. 따라서 옳은 내용이다.

A : (O)

PART 5

배수와 증감률을 통한 도표분석

TOPIC 29 | 작은 배수 – 2.5배

01 유형의 이해

비율을 묻는 것과 거의 비슷한 비중으로 만나게 되는 것이 '~배'와 같이 배수를 구해 대소를 비교하는 것이다. 하지만 접근법은 비율과 크게 다르지 않다. 단지 1보다 큰 수를 곱해야 하는 것을 비율로 전환하는 과정이 추가될 뿐이다.

02 개념 익히기

> 2.5배는 0.4와 쌍둥이이다.

예를 들어 'A는 B의 2.5배보다 크다.'라는 문장이 있다고 해 보자. 이는 식으로 나타내면 'A > B × 2.5'로 변환할 수 있는데, 실전에서 만나게 되는 B값은 대부분 복잡한 숫자들이어서 직접 2.5를 곱하기에는 부담이 따른다. 하지만 이 식을 'A × $\frac{1}{2.5}$ (= 0.4) > B'로 변환하게 되면 눈어림으로도 판단이 가능한 식으로 바뀌게 된다. 같은 논리로 2배는 0.5와, 5배는 0.2와 쌍둥이 관계(곱해서 1이 되는 관계)이므로 실전에서 잘 활용하도록 하자.

대표예제

다음은 1인 1일 이메일과 휴대전화 스팸 수신량을 나타낸 그래프이다. 이를 토대로 아래 문장을 판단하시오.

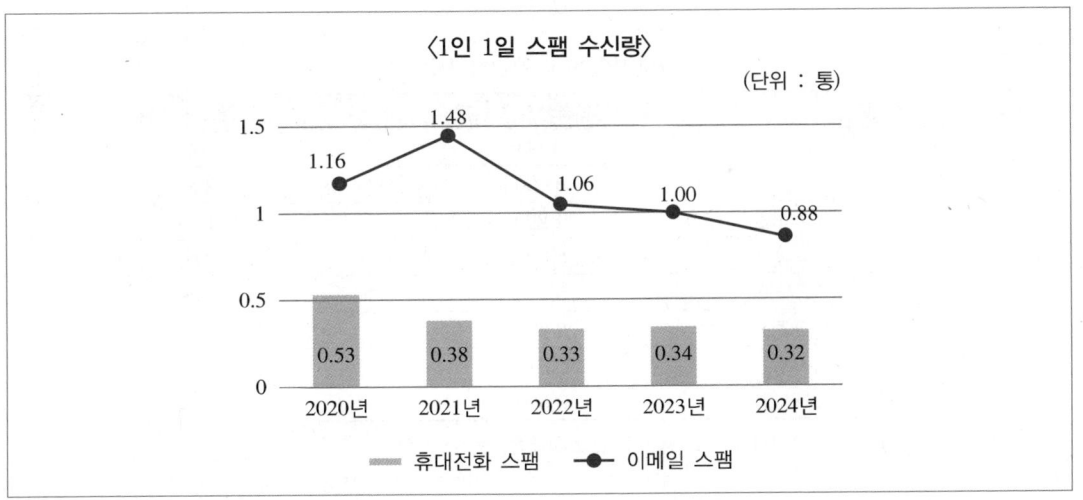

Q : 1인 1일 이메일 스팸 수신량은 항상 같은 해의 1인 1일 휴대전화 스팸 수신량의 2.5배 이상이다.

정답 | 해설

위 문장을 식으로 표현하면 '이메일 스팸>휴대전화 스팸×2.5'의 관계가 성립해야 한다. 그런데 휴대전화 스팸량의 수치가 그리 깔끔하지 않은 상태이므로 이 수치들에 2.5를 곱하는 것보다 간단한 방법을 찾아보자. 일단 식을 변환해 보면 '이메일 스팸×$\frac{1}{2.5}$(=0.4)>휴대전화 스팸'으로 나타낼 수 있다. 즉, 굳이 복잡하게 휴대전화 스팸 값에 2.5를 곱할 필요 없이 이메일 스팸 값에 0.4를 곱하는 것만으로 대소비교가 가능하다. 이에 따라 2020년은 1.16에 0.4를 곱한 수치가 0.464이므로 0.53보다 크지 않다는 것을 알 수 있다. 따라서 옳지 않다.

A : (×)

문제 1

다음은 카페 방문자를 대상으로 카페에서의 개인컵 사용률을 조사한 자료이다. 이를 토대로 아래 문장을 판단하시오.

〈카페 방문자의 개인컵 사용률〉

구분		조사 대상자 수(명)	개인컵 사용률
성별	남성	11,000	10%
	여성	9,000	22%
연령대별	20대 미만	4,200	17%
	20대	5,800	29%
	30대	6,400	26%
	40대	3,600	24%
지역별	수도권	11,500	37%
	수도권 외	8,500	23%

※ 항목별 조사대상자 수는 20,000명으로 동일하며, 조사대상자는 각기 다름

Q : 40대 조사대상자에서 개인컵 사용자 수 중 288명이 남성이라면, 여성의 수는 남성의 2.5배이다.

정답 해설

40대 조사대상자에서 개인컵 사용자 수는 $3,600 \times 0.24 = 864$명이다. 이 중 288명이 남성이라면, 여성은 $864 - 288 = 576$명이므로 여성의 수는 남성의 $\frac{576}{288} = 2$배에 해당한다. 수치가 비교적 간단하여 이렇게 직접 비교할 수 있지만 다른 방법으로 풀이하면 남성의 수가 여성의 수의 0.4배인지 확인하면 된다. 이를 적용하면 $576 \times 0.4 = 230.4$명인데 남성의 수 288명과 같지 않으므로 옳지 않다는 것을 알 수 있다.

A : (×)

문제 2

다음은 영농주의 특성에 따른 농가 수에 대한 자료이다. 이를 토대로 아래 문장을 판단하시오.

〈영농주 연령대별, 영농규모별 농가 수 현황〉

(단위 : 호)

연령대 영농규모별	40세 이하	41~50세	51~60세	61~70세	71세 이상	합계
0.3ha 미만	2	9	19	36	109	175
0.3ha 이상 0.5ha 미만	1	4	13	45	122	185
0.5ha 이상 1.0ha 미만	2	11	28	89	235	365
1.0ha 이상 2.0ha 미만	4	16	54	132	170	376
2.0ha 이상 5.0ha 미만	3	16	59	111	80	269
5.0ha 이상	1	6	57	54	12	130
합계	13	62	230	467	728	1,599
평균영농규모(ha)	1.7	2.9	3.6	2.3	1.1	1.9

※ 1ha=100a

Q : 영농규모가 0.5ha 이상 1.0ha 미만인 경우의 51~60세 농가 수는 41~50세의 2.5배 이하이다.

정답 해설

수치 자체가 간단하므로 41~50세 농가 수인 11에 2.5를 직접 곱해 구할 수도 있으나, 숫자가 복잡해질 경우를 대비해 다른 방법으로 풀이해 보자. 문장의 내용을 '41~50세의 농가 수는 51~60세의 0.4배 이상이다.'로 바꿔서 생각해 볼 수 있으므로 이를 적용하면 28×0.4=11.2가 되어 옳지 않다는 것을 알 수 있다.

A : (×)

문제 3

다음은 K회사의 연도별 자동차 판매현황이다. 이를 토대로 아래 문장을 판단하시오.

〈자동차 판매현황〉

(단위 : 천 대)

구분	2022년	2023년	2024년
소형	27.8	32.4	30.2
준중형	181.3	179.2	180.4
중형	209.3	203.5	205.7
대형	186.1	185.0	177.6
SUV	452.2	455.7	450.8

Q : SUV 자동차의 3년 동안 총판매량은 대형 자동차 총판매량의 2.5배 이하이다.

정답 해설

먼저 SUV 자동차의 3년 동안 총판매량은 452.2+455.7+450.8=1,358.7천 대이고, 대형 자동차 총판매량은 186.1+185.0+177.6=548.7천 대이다. 문장의 내용을 '대형 자동차의 총판매량은 SUV 자동차 총판매량의 0.4배 이상이다.'로 바꿔서 생각해 볼 수 있으므로 이를 적용하면 1,358.7×0.4=543.48이다. 따라서 옳은 내용이다.

A : (O)

| 문제 4 |

다음은 한국의 대(對)싱가포르 업종별 투자 현황에 대한 자료이다. 이를 토대로 아래 문장을 판단하시오.

〈한국의 대(對)싱가포르 업종별 투자 현황〉

(단위 : 건, 천 달러)

업종	신고건수	신고금액	송금횟수	투자금액
농업, 임업 및 어업	13	15,723	15	12,095
광업	40	1,758,512	72	962,408
제조업	335	1,217,299	444	1,053,192
전기, 가스, 수도사업	45	376,016	76	262,039
건설업	97	186,458	118	128,135
도매 및 소매업	577	3,071,374	635	2,849,064
운수업	143	878,927	158	759,021
숙박 및 요식업	158	124,418	205	103,605
출판, 방송통신업	178	705,796	242	458,744
금융, 보험업	87	1,152,974	112	974,824
부동산, 임대업	265	718,873	276	588,188
과학, 기술서비스업	189	566,783	239	532,888
사업지원서비스업	97	118,279	110	93,022
교육서비스업	58	11,555	61	10,805
사회복지서비스업	1	119	1	119
여가관련서비스업	19	18,255	23	14,000
협회, 단체 및 기타	28	3,546	37	2,665
합계	2,330	10,924,907	2,824	8,804,814

Q : 과학, 기술서비스업의 투자금액은 송금횟수의 2,500배 이상이다.

정답 | 해설

위 문장에서 2,500배라고 언급하고 있지만 기본 접근법은 2.5배를 판단하는 방법과 다를 것이 없다. 앞서 2.5배를 판단하기 위해서는 큰 수치에 0.4를 곱해야 한다고 하였다. 그러므로 이를 응용하여 2,500배를 판단하기 위해서는 큰 수치에 0.0004를 곱해주기만 하면 된다는 것을 알 수 있다. 따라서 문장의 내용을 '송금횟수는 과학, 기술서비스업의 투자금액의 0.0004배 이하이다.'로 바꿔서 생각해 볼 수 있다. 먼저 소수점이 들어있는 수치를 직접 곱하기보다는 투자금액의 수치에 0.0001을 곱하면 이 수치가 약 53으로 간단해지며, 이 수치에 4를 곱하면 212가 되어 오히려 송금횟수보다 작다는 것을 알 수 있다.

A : (×)

TOPIC 30 | 특징이 없는 배수

01 유형의 이해

앞서 살펴본 수치들과 달리 쌍둥이 관계를 가지는 비율값이 존재하지 않는 경우이다. 이 경우는 별다른 방법 없이 실제 수치를 곱해 판단해야 한다. 다만, 이런 유형의 선택지는 출제빈도가 매우 낮은 편이며, 대부분의 경우 직접적인 계산보다는 눈어림만으로 대소비교가 가능한 편이다.

02 개념 익히기

> 실제로 몇 배인지를 직접 계산하지 마라.

일반적인 경우라면 나눗셈보다는 곱셈이 더 수월하게 느껴지기 마련이다. 따라서 선택지에서 A가 B의 7배 이상이라고 주어졌다고 해서 직접 실제의 비율을 구하는 것은 비효율적이다. 가급적 B의 7배 값이 A보다 작은지 큰지를 비교하는 것이 훨씬 효율적이며, 실수를 줄일 수 있는 길이다.

대표예제

다음은 우리나라의 초콜릿 수출입 추이에 대한 자료이다. 이를 토대로 아래 문장을 판단하시오.

〈우리나라의 초콜릿 수출입 추이〉

구분		수입액(천 달러)				수출액(천 달러)			
		2021년	2022년	2023년	2024년	2021년	2022년	2023년	2024년
가공 원료	페이스트	13,320	17,691	22,667	19,381	–	–	–	478
	카카오버터	8,730	8,923	9,366	7,690	181	–	–	–
	카카오분말(감미료 ×)	16,181	29,030	41,090	42,306	297	220	304	82
	카카오분말(감미료 ○)	1,288	2,455	2,523	4,565	18,304	26,618	32,018	29,607
	소계	39,519	58,099	75,646	73,942	18,782	26,838	32,322	30,167
초콜릿 제품	가공품(기타조제)	23,713	30,520	43,488	39,476	4,149	5,785	6,673	8,950
	가공품(속 채운)	39,639	45,470	59,134	60,885	792	692	948	5,322
	가공품(속 안 채운)	5,851	6,902	13,828	10,434	451	715	1,600	1,302
	가공품류기타	30,586	39,121	49,569	58,765	5,341	5,540	6,615	7,820
	소계	99,789	122,013	166,019	169,560	10,733	12,732	15,836	23,394
기타 가공품	코코아조제품	20,320	28,156	41,329	37,966	15	135	24	33
	기타가공품	23,283	36,153	41,818	48,844	1,353	747	926	1,636
	소계	43,603	64,309	83,147	86,810	1,368	882	950	1,669
합계		182,911	244,421	324,812	330,312	30,883	40,452	49,108	55,230

Q : 2021년 우리나라의 초콜릿 총 수입액은 초콜릿 총 수출액의 6배 이상이다.

정답 | 해설

6배라는 수치는 쌍둥이 관계를 가지는 비율값이 없으므로 부득이하게 직접 계산하는 과정을 거쳐야 한다. 이때 2021년 우리나라의 초콜릿 총 수출액은 약 30,900천 달러이고, 이의 6배는 눈어림으로도 약 182,900보다 크다는 것을 알 수 있다. 따라서 옳지 않은 내용이다.

A : (×)

| 문제 1 |

다음은 마트별 비닐봉투·종이봉투·에코백 사용률을 조사한 자료이다. 이를 토대로 아래 문장을 판단하시오.

〈마트별 비닐봉투·종이봉투·에코백 사용률〉

구분	대형마트 (2,000명 대상)	중형마트 (800명 대상)	개인마트 (300명 대상)	편의점 (200명 대상)
비닐봉투	7%	18%	21%	78%
종량제봉투	28%	37%	43%	13%
종이봉투	5%	2%	1%	0%
에코백	16%	7%	6%	0%
개인 장바구니	44%	36%	29%	9%

※ 마트별 전체 조사자 수는 상이함

Q : 대형마트의 종이봉투 사용자 수는 중형마트의 6배 이상이다.

정답 해설

대형마트의 종이봉투 사용자 수는 2,000×0.05=100명이고, 중형마트의 종이봉투 사용자 수는 800×0.02=16명이다. 중형마트의 종이봉투 사용자 수의 6배는 96명이고, 이는 100명보다 적으므로 옳은 내용이다.

A : (○)

| 문제 2 |

다음은 지역별 마약류 단속에 대한 자료이다. 이를 토대로 아래 문장을 판단하시오.

〈지역별 마약류 단속 건수〉

(단위 : 건, %)

마약류 지역	대마	마약	향정신성의약품	합계	비중
서울	49	18	323	390	22.1
인천·경기	55	24	552	631	35.8
부산	6	6	166	178	10.1
울산·경남	13	4	129	146	8.3
대구·경북	8	1	138	147	8.3
대전·충남	20	4	101	125	7.1
강원	13	0	35	48	2.7
전북	1	4	25	30	1.7
광주·전남	2	4	38	44	2.5
충북	0	0	21	21	1.2
제주	0	0	4	4	0.2
전체	167	65	1,532	1,764	100.0

※ 수도권은 서울과 인천·경기를 합한 지역임
※ 마약류는 대마, 마약, 향정신성의약품으로만 구성됨

Q1 : 대마 단속 전체 건수는 마약 단속 전체 건수의 3배 이상이다.
Q2 : 강원 지역은 향정신성의약품 단속 건수가 대마 단속 건수의 3배 이상이다.

정답 | 해설

대마 단속 전체 건수(167건)은 마약 단속 전체 건수(65건)의 3배(195)에 미치지 못하므로 옳지 않은 내용이다.

A1 : (×)

강원 지역은 향정신성의약품 단속 건수(35건)가 대마 단속 건수(13건)의 3배(39)에 미치지 못하므로 옳지 않은 내용이다.

A2 : (×)

TOPIC 31 | 증가율 계산

01 유형의 이해

수리능력에서 가장 만나고 싶지 않은 유형이 바로 증가율과 관련된 문제들이다. 덧셈에 비해 상대적으로 까다로운 뺄셈과 시칙연산 중 가상 복잡한 나눗셈이 복합적으로 작용하기 때문이다. 이 때문에 증가율 계산 시에는 앞에서 익힌 모든 계산법들을 총동원하게 된다. 하지만 증가율을 정확한 수치까지 구할 필요는 없으며 '$x\%$ 이상'과 같이 대략적인 범위만 파악할 수 있으면 충분하므로 의외로 체감되는 난이도는 그리 높지 않다.

02 개념 익히기

위에서 언급한 것처럼 증가율을 계산하는 것은 지금까지의 계산법들을 모두 사용하는 것이기 때문에 별도의 설명은 생략한다. 따라서 여기서는 지금까지의 내용을 총정리한다는 느낌으로 각각의 문제들을 풀어보면 교재 전반에 대한 학습성취도를 파악하는 데에 도움이 될 것이다. 다만, 가장 난이도가 높지만 다행히 출제비중은 높지 않은 '증가율의 비교'에 해당하는 부분은 아래의 풀이요령을 소개하는 것으로 갈음한다.

> 증가율 비교는 결국 분수비교이다.

시험장에서 제한된 시간 내에 문제를 풀어야 하는 입장에서 증가율을 직접 구해 대소비교를 하는 것은 매우 치명적인 시간 손실을 가져오게 된다. 따라서 최대한 계산의 단계를 줄일 수 있어야 하는데 이는 증가율 계산의 기본 구조를 이해하면 간단히 해결할 수 있다.
만약 아래와 같은 자료가 주어져 있다고 해 보자.

1기	2기	3기
100	150	200

1기 대비 2기의 증가율은 $\frac{150-100}{100} \times 100$, 2기 대비 3기의 증가율은 $\frac{200-150}{150} \times 100$으로 구할 수 있다. 그런데 이 분수식을 다시 정리하면 $\left(\frac{150}{100}-1\right) \times 100$과 $\left(\frac{200}{150}-1\right) \times 100$으로 나타낼 수 있으므로 단순히 대소비교만을 하기 위한 것이라면 굳이 복잡하게 뺄셈과 나눗셈을 연달아 할 필요 없이 단순히 $\frac{150}{100}$과 $\frac{200}{150}$을 비교하면 된다.

다시 정리하면, 증가율을 비교하는 경우라면 $\frac{(t\text{기의 수치})}{[(t-1)\text{기의 수치}]}$를 곧바로 분수비교하면 된다는 것이다.

대표예제

다음은 연도별 K은행 대출 현황을 나타낸 자료이다. 이를 토대로 아래 문장을 판단하시오.

⟨연도별 K은행 대출 현황⟩

(단위 : 조 원)

구분	2016년	2017년	2018년	2019년	2020년	2021년	2022년	2023년	2024년
가계대출	403.5	427.1	437.5	450.0	486.4	530.0	583.6	621.8	640.6
주택담보대출	266.8	289.7	298.9	309.3	344.7	380.6	421.5	444.2	455.0
기업대출	404.5	432.7	447.2	468.0	493.3	527.6	539.4	569.4	584.3
부동산담보대출	136.3	153.7	168.9	185.7	205.7	232.8	255.4	284.4	302.4

※ (은행대출)=(가계대출)+(기업대출)

Q1 : 2017~2024년 가계대출이 전년 대비 가장 많이 증가한 해는 2019년이다.
Q2 : 2024년 주택담보대출의 2022년 대비 증가율은 기업대출의 증가율보다 높다.

정답 해설

이와 같이 전체 기간에 걸쳐 증가액을 구해야 하는 경우는 굳이 전체 수치를 계산하지 말고 앞의 두 자리만 떼어내어 계산하는 것이 좋다. 단, 이 과정에서는 오차 발생의 위험이 있으므로 반올림해서는 안 되며, 동일한 값이 나오는 것들만 추려서 자릿수를 늘려 계산하기 바란다. 이와 같이 계산한 값은 다음과 같다.

구분	2017년	2018년	2019년	2020년
가계대출 증가액	42−40=2	43−42=1	45−43=2	48−45=3
구분	2021년	2022년	2023년	2024년
가계대출 증가액	53−48=5	58−53=5	62−58=4	64−62=2

값이 동일한 2021년과 2022년을 비교하면 가계대출이 전년 대비 가장 많이 증가한 해는 583−530=53인 2022년이다.

A1 : (×)

이미 설명한 것처럼 증가율을 직접 계산하여 비교하기보다는 $\frac{(t기의 수치)}{[(t-1)기의 수치]}$ 를 이용해 판단하는 것이 좋다. 또한, 빠른 판단을 위해 유효숫자를 두 자리로 줄여 더 간단하게 판단할 수 있다. 이에 따라 주택담보대출의 분수값은 $\frac{45}{42}$ 이며, 기업대출의 분수값은 $\frac{58}{53}$ 이므로 둘을 분수비교하면 후자가 더 크다는 것을 알 수 있다.

A2 : (×)

| 문제 1 |

다음은 지역별 음악 산업 수출·수입액 현황에 대한 자료이다. 이를 토대로 아래 문장을 판단하시오.

〈지역별 음악 산업 수출액 현황〉

(단위 : 천 달러, %)

구분	2022년	2023년	2024년	전년 대비 증감률
중국	10,186	52,798	89,761	70.0
일본	221,739	235,481	242,370	2.9
동남아	38,166	39,548	40,557	2.6
북미	1,024	1,058	1,085	2.6
유럽	4,827	4,778	4,976	4.1
기타	1,386	1,987	2,274	14.4
합계	277,328	335,650	381,023	13.5

〈지역별 음악 산업 수입액 현황〉

(단위 : 천 달러, %)

구분	2022년	2023년	2024년	전년 대비 증감률
중국	103	112	129	15.2
일본	2,650	2,598	2,761	6.3
동남아	63	65	67	3.1
북미	2,619	2,604	2,786	7.0
유럽	7,201	7,211	7,316	1.5
기타	325	306	338	10.5
합계	12,961	12,896	13,397	3.9

Q : 일본의 2022년 대비 2024년 음악 산업 수입액의 증가율은 수출액의 증가율보다 크다.

정답 해설

증가율을 직접 계산하여 비교하기보다는 $\dfrac{(t\text{기의 수치})}{[(t-1)\text{기의 수치}]}$ 를 이용해 판단한다.

일본의 2022년 대비 2024년 음악 산업 수입액은 $\dfrac{2,761}{2,650}$ 이며, 수출액은 $\dfrac{242,370}{221,739}$ 이므로 둘을 분수비교하면 후자가 더 크다는 것을 알 수 있다. 따라서 옳지 않은 내용이다.

A : (×)

문제 2

다음은 인터넷 분야 인수·합병에 대한 자료이다. 이를 토대로 아래 문장을 판단하시오.

〈인터넷 분야 인수·합병 건수〉

(단위 : 건)

국가 연도	A	B	C	D	E
2021년	17	63	68	20	16
2022년	33	57	52	19	7
2023년	44	64	61	31	13
2024년	77	69	70	38	21
합계	171	253	251	108	57

Q : D국의 2023년 인수·합병 건수의 전년 대비 증가율은 60% 이상이다.

정답 해설

먼저 D국의 2022년 인수·합병 건수는 19건인데, 19의 50%는 9.5이고, 10%는 1.9이므로 19에서 60% 증가한 값은 30.4[=19+(9.5+1.9)]이다. 따라서 2023년 D국의 인수·합병 건수는 31건이므로 전년 대비 증가율이 60%를 넘는다는 것을 확인할 수 있다.

A : (○)

| 문제 3 |

다음은 어느 지역의 주화 공급에 대한 자료이다. 이를 토대로 아래 문장을 판단하시오.

<주화 공급량 및 공급기관>

구분	액면가				합계
	10원	50원	100원	500원	
공급량(만 개)	3,469	2,140	2,589	1,825	10,023
공급기관 수(개)	1,519	929	801	953	4,202

※ (평균 주화 공급량) = $\dfrac{(주화\ 종류별\ 공급량의\ 합)}{(주화\ 종류\ 수)}$

※ (주화 총액) = (주화 공급량) × (액면가)

Q : 10원과 500원 주화는 각각 10%씩, 50원과 100원 주화는 각각 20%씩 공급량이 증가한다면, 이 지역의 평균 주화 공급량의 증가율은 15% 이하이다.

정답 해설

평균 주화 공급량은 $\dfrac{10,023}{4}$ = 2,505.75만 개이므로 약 2,505만 개로 계산한다. 계산을 간단히 하기 위해 각 주화의 증가한 공급량을 소수점을 제외하고 계산하면 346+182+428+516=1,472만 개다. 그러므로 증가한 주화 공급량은 10,023+1,472=11,495만 개이고, 평균 주화 공급량은 약 2,873만 개다. 평균 주화 공급량의 증가율이 15% 이하인지 확인하기 위해 2,505의 1.15배를 구하면 2,505의 10%는 약 250, 5%는 약 125이므로 15%는 약 375이고 이를 2,505에 더하면 2,880인데 이는 2,873보다 크므로 옳은 내용임을 알 수 있다.

A : (O)

문제 4

다음은 미래사회의 기후변화 및 사회경제 시나리오에 대한 자료이다. 이를 토대로 아래 문장을 판단하시오.

<미래사회의 기후변화 및 사회경제 시나리오>

구분		2010년	2050년		2100년	
			기후위험사회	기후안전사회	기후위험사회	기후안전사회
기후	평균기온(℃)	12.5	14.6	13.8	16.4	13.8
	강수량(mm)	1,307.7	1,381.3	1,391.3	1,506.4	1,309.3
인구	인구(천명)	50,516	45,089	51,822	20,528	39,928
	합계출산율(명)	1.23	1.38	1.81	1.40	2.10
	노인인구 비율(%)	10.9	46.7	45.5	50.3	38.4
국가경제	GDP(조 원)	1,153	1,774	4,354	1,835	6,005
지역경제	재정자립도(%)	54.8	72.6	78.6	87.8	97.0
경제구조	3차산업 비중(%)	66.7	74.7	78.9	77.8	82.9
국제경제	수출 비중(%)	55.9	57.4	57.6	57.9	58.2
생산	생산성 지수(2010년=100)	100.0	435.8	591.0	889.9	1,009.6
토지이용 변화	도시지역(%)	4.0	16.7	4.6	18.2	4.6
	산림지역(%)	64.5	60.0	64.7	59.1	64.7
에너지	지역별 1차 에너지 수요(Mtoe)	262.6	433.8	328.9	252.3	207.7

Q : 기후위험사회의 경우 2050년 대비 2100년의 노인인구 비율의 증가율은 7.5% 이하이다.

정답 해설

숫자가 깔끔하지 않지만 요령만 알면 의외로 간편하고도 정확하게 풀이가 가능한 문제이다. 먼저, 2050년의 노인인구 비율은 46.7%이므로 이의 절반(50%) 값은 23.35임을 알 수 있으며, 자릿수만 하나 당긴 5% 값은 약 2.33이고, 다시 이의 절반인 2.5%의 값은 약 1.16으로 계산할 수 있다. 그러므로 7.5% 값은 이 둘을 합한 약 3.5가 되는데 실제 2050년과 2100년의 증가율의 차이는 3.6%p이므로 이보다 크다. 따라서 증가율은 7.5%보다 클 것이므로 옳지 않다.

A : (×)

TOPIC

32 감소율 계산

01 유형의 이해

감소율을 판단하는 것은 증가율과 방향만 다를 뿐이다. 하지만 전체적인 출제빈도는 증가율에 한참 미치지 못하며, 증가율과 같이 여러 항목의 감소율을 비교하는 유형 역시 거의 찾아보기 힘들다. 따라서 입력적인 부담감만 떨쳐낸다면 쉽게 판단할 수 있는 유형이다.

02 개념 익히기

> 감소율을 직접 계산하지 마라.

감소율을 묻는 문제는 대부분 '~ 감소율은 A% 이상이다.'와 같이 특정한 기준값보다 큰지 작은지를 판단하는 형태로 출제된다. 하지만 상당히 많은 수험생들이 유독 감소율 문제는 직접 감소율을 계산하는 과정을 거치는 편인데, 이 때문에 과도한 시간 낭비를 하는 것이 현실이다. 하지만 생각을 약간만 달리해 보자. 만약 B가 A 대비 10% 이상 감소했는지를 판단한다는 것은 결국 A에서 0.1A를 뺀 수치가 B보다 더 크다는 것과 같은 의미이다. 이는 정밀한 계산이 필요하지도 않을뿐더러 경우에 따라서는 눈어림만으로도 판단이 가능하다. 우리의 머리는 나눗셈에 유독 취약하다는 점을 잊지 말자.

대표예제

다음은 월별로 한국을 방문한 중국인 관광객 수에 대한 자료이다. 이를 토대로 아래 문장을 판단하시오.

〈월별 방한 중국인 관광객 수〉

(단위 : 만 명)

년\월	1월	2월	3월	4월	5월	6월	7월	8월	9월	10월	11월	12월	합계
2023년	60	47	80	80	78	95	87	102	107	106	55	54	951
2024년	15	15	18	17	17	20	15	21	13	19	12	13	195

Q : 2024년 8월 대비 2024년 9월의 방한 중국인 관광객 수의 감소율은 40% 이상이다.

정답 해설

직접 감소율을 계산하기보다는 약식으로 간편하게 풀이해 보자. 먼저 2024년 8월의 관광객 수가 21만 명이므로 21의 자릿수를 하나 줄인 10% 값이 2.1이라는 것을 알 수 있으며, 이의 4배인 40% 값은 8.4로 계산할 수 있다. 그런데 두 기간의 실제 감소폭은 8로 이보다 작으므로 감소율 역시 40%에 미치지 못할 것임을 알 수 있다.

A : (×)

문제 1

다음은 근로장려금 및 자녀장려금 신청 현황에 대한 자료이다. 이를 토대로 아래 문장을 판단하시오.

⟨전국 근로장려금 및 자녀장려금 신청 현황⟩

(단위 : 천 가구, 십억 원)

구분 연도	근로장려금만 신청		자녀장려금만 신청		근로장려금과 자녀장려금 모두 신청			
	가구 수	금액	가구 수	금액	가구 수	금액		
						근로	자녀	소계
2020년	930	747	1,210	864	752	712	762	1,474
2021년	1,020	719	1,384	093	692	882	765	1,647
2022년	1,060	967	1,302	992	769	803	723	1,526
2023년	1,658	1,419	1,403	975	750	715	572	1,287
2024년	1,695	1,155	1,114	775	608	599	451	1,050

※ 장려금은 근로장려금과 자녀장려금으로만 구성됨
※ 단일 연도에 같은 종류의 장려금을 중복 신청한 가구는 없음

Q : 2023년 두 장려금을 모두 신청하는 가구의 근로장려금 총액의 전년 대비 감소율은 15% 이상이다.

정답 해설

2022년의 근로장려금 총액이 803십억 원이므로, 803의 자릿수를 하나 줄인 10% 값은 80.3, 이의 절반인 5% 값은 약 40으로 계산된다. 따라서 이 둘을 더한 15% 값은 약 120이 되는데, 2022년 대비 2023년의 실제 감소폭은 100에도 미치지 못하므로 전년 대비 감소율은 15%에 미치지 못한다.

A : (×)

| 문제 2 |

다음은 2024년 8월부터 2025년 1월까지의 산업별 월간 국내카드 승인액이다. 이를 토대로 아래 문장을 판단하시오.

〈산업별 월간 국내카드 승인액〉

(단위 : 억 원)

구분	2024년 8월	2024년 9월	2024년 10월	2024년 11월	2024년 12월	2025년 1월
도매 및 소매업	3,116	3,245	3,267	3,261	3,389	3,241
운수업	161	145	165	159	141	161
숙박 및 음식점업	1,107	1,019	1,059	1,031	1,161	1,032
사업시설관리 및 사업지원 서비스업	40	42	43	42	47	48
교육 서비스업	127	104	112	119	145	122
보건 및 사회복지 서비스업	375	337	385	387	403	423
예술, 스포츠 및 여가관련 서비스업	106	113	119	105	89	80
협회 및 단체, 수리 및 기타 개인 서비스업	163	155	168	166	172	163

Q : 교육 서비스업의 2025년 1월 국내카드 승인액의 전월 대비 감소율은 25% 이상이다.

| 정답 | 해설 |

교육 서비스업의 국내카드 승인액은 2025년 1월이 122억 원, 2024년 12월이 145억으로 2025년 1월에 145-122=23억 감소했다. 감소율이 25% 이상인지 확인하기 위해 145의 25%를 구해야 한다. 145의 10%는 14.5이고, 5%는 7.25이므로 25%는 14.5×2+7.25=36.25이다. 이보다 23이 현저히 작으므로 옳지 않은 내용임을 알 수 있다.

A : (×)

TOPIC 33 | 증감률이 가장 큰 것

01 유형의 이해

짧게는 5기간, 길게는 10기간의 자료가 주어지고 이 시계열에서 증가율 내지는 감소율이 가장 큰 것을 찾으라는 유형은 수리능력에서 적어도 선택지 1개로 꼭 등장하고 있다. 많은 수험생들이 이러한 유형은 무조건 스킵하는 경향이 있는데, 모의고사가 아닌 실제 기출된 문제들을 살펴보면 오히려 이런 유형의 선택지들이 더 간단하게 판단이 가능하다는 것을 알 수 있으며, 실상 계산이 필요 없이 눈어림만으로도 판단이 가능한 경우가 대부분이다.

02 개념 익히기

> 모든 증감률을 직접 계산해야 하는 문제는 출제되지 않는다.

결론을 먼저 말하면, 이러한 유형의 문제들은 시계열에 속한 모든 증감률을 직접 계산하여 판단하게끔 출제되지 않는다. 간혹, 시중의 기출문제집들 중에 모든 기간의 증감률을 계산하게끔 하는 것들이 등장하곤 하는데, 이것은 문제복원의 오류로 보아야 한다.

가장 먼저 확인해야 할 것은 증감률이 아닌 배수로 판단이 가능한 것들이 있는지이다. 즉, 2배, 3배와 같이 큼직큼직하게 증가한 것들이 그것이다. 대부분의 경우 이 과정에서 2개(간혹 3개) 정도로 후보군이 압축되는 편이다.

그다음으로는 비교 연도의 수치와 증감폭을 판단하는 과정이다. 즉, 해당 수치가 가장 크지만 증감폭이 가장 작다면 그 기간의 증감률은 가장 작을 것이며, 반대로 해당 수치가 가장 작지만 증감폭이 가장 크다면 증감률은 가장 크게 될 것이다. 물론 난이도가 높아진다면 최대값과 최소값의 조합으로 제시되지 않는 경우가 있을 수 있지만 이 경우에도 2번째로 크거나 작은 값을 넘어가지는 않는다.

대표예제

다음은 A국의 2019 ~ 2024년 태양광 산업 분야 투자액 및 투자건수에 대한 자료이다. 이를 토대로 아래 문장을 판단하시오.

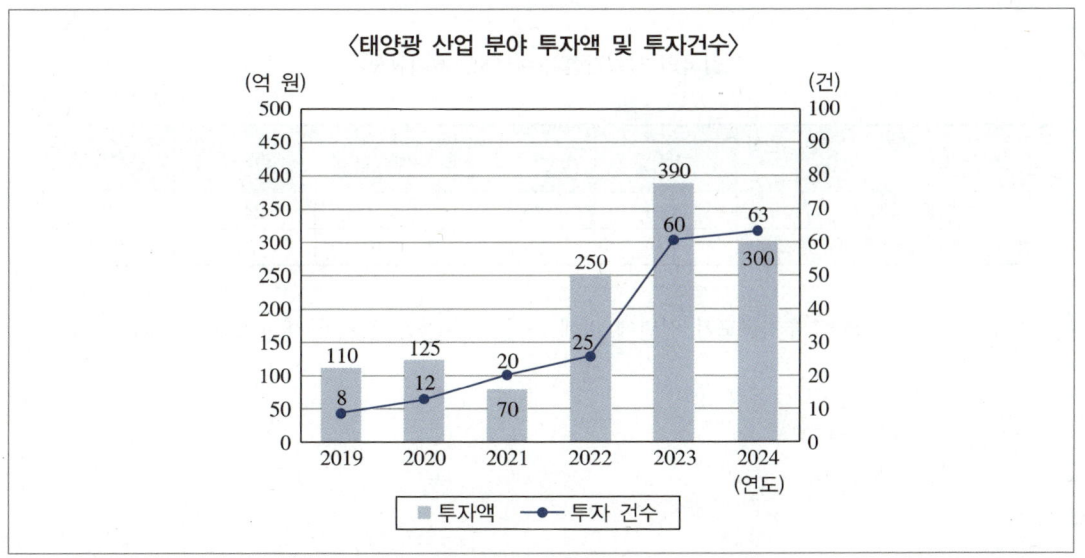

Q1 : 2020 ~ 2024년 투자액의 전년 대비 증가율은 2023년이 가장 높다.

Q2 : 2020 ~ 2024년 투자건수의 전년 대비 증가율은 2024년이 가장 낮다.

정답 해설

2022년의 투자액은 2021년에 비해 3배 이상 증가하였는데 다른 연도에서는 이 정도의 증가율을 보이지 않는다. 따라서 전년 대비 증가율이 가장 높은 해는 2022년이다.

A1 : (×)

투자건수의 전년 대비 증가율이 가장 낮은 연도는 비교 연도의 수치(60건)가 가장 크고 증가폭(3건)이 가장 작은 2024년이다.

A2 : (O)

| 문제 1 |

다음은 2020~2024년 갑국의 사회간접자본(SOC) 투자규모에 대한 자료이다. 이를 토대로 아래 문장을 판단하시오.

⟨갑국의 사회간접자본(SOC) 투자규모⟩

(단위 : 조 원, %)

연도 구분	2020년	2021년	2022년	2023년	2024년
SOC 투자규모	20.5	25.4	25.1	24.4	23.1
총지출 대비 SOC 투자규모 비중	7.8	8.4	8.6	7.9	6.9

Q : 2021~2024년 SOC 투자규모가 전년에 비해 가장 큰 비율로 감소한 해는 2024년이다.

정답 | 해설

2021~2024년 SOC 투자규모가 전년에 비해 가장 큰 비율로 감소한 해는 SOC 투자규모의 변화가 크지 않은 상황에서 전년 대비 감소폭이 1.3조 원으로 가장 큰 2024년임을 직관적으로 판단할 수 있다.

A : (○)

| 문제 2 |

다음은 2024년 전국 지역별, 월별 영상회의 개최 실적에 대한 자료이다. 이를 토대로 아래 문장을 판단하시오.

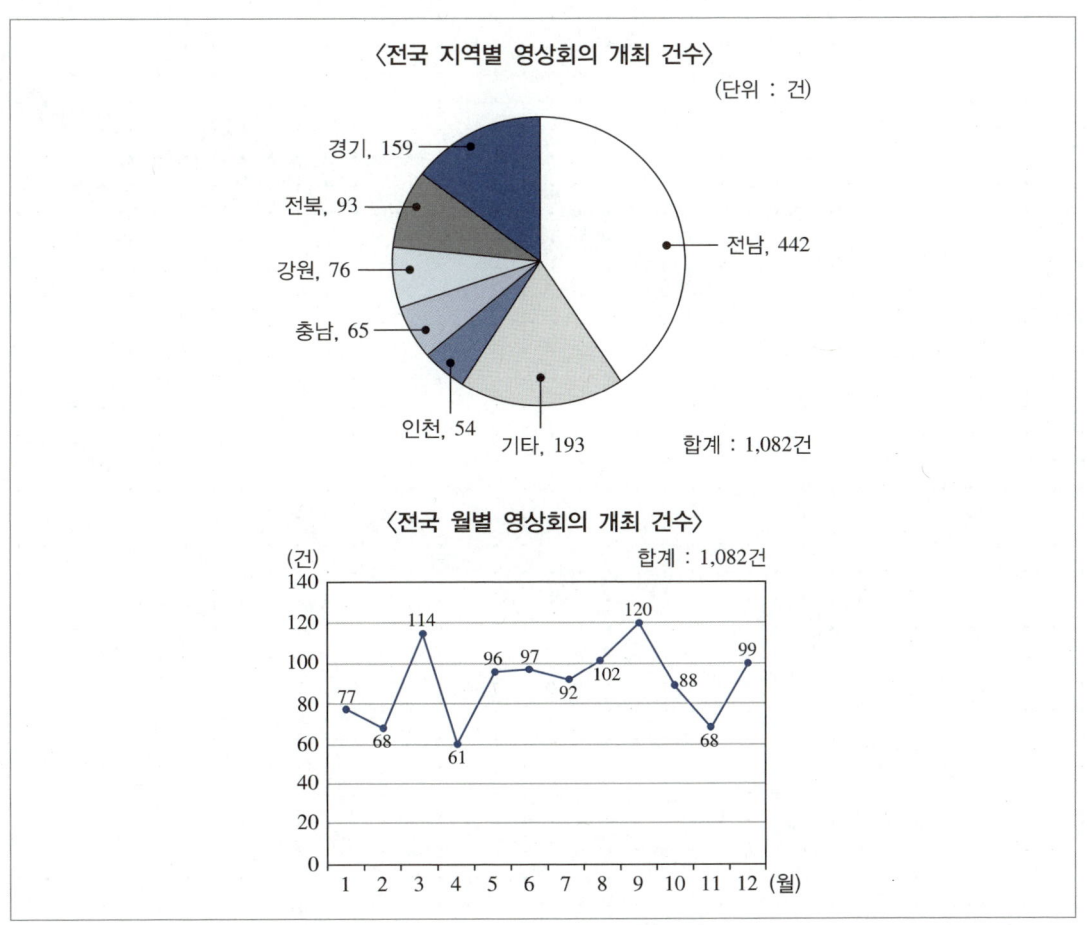

Q : 전국 월별 영상회의 개최 건수의 전월 대비 증가율은 5월이 가장 크다.

정답 해설

제시된 자료에서 모든 월별 건수를 계산할 필요 없이 영상회의 개최 건수가 증가한 월만 비교하면 된다. 개최 건수가 전월 대비 증가한 월은 3, 5, 6, 8, 9, 12월이며, 그래프를 통해 증가폭을 대략적으로 확인할 수 있다. 그래프에서 높은 증가폭을 보이는 3월, 5월을 비교하면 5월은 전월 대비 영상회의 개최 건수가 35건 증가하였지만, 3월은 전월 대비 영상회의 개최 건수가 46건 증가하였으므로 증가폭은 3월이 가장 크다. $\frac{46}{68}$과 $\frac{35}{61}$를 분수비교하면 전자가 더 크다. 따라서 옳지 않은 내용이다.

A : (×)

PART 6

도표분석의 전체적 시각

TOPIC 34 | 추세의 판단

01 유형의 이해

흔히 '~ 할수록 ~ 한다.'라는 형식으로 나타나는 유형으로, 시계열의 크기가 큰 자료들에서 주로 출제되고 있다. 대개 이 유형의 선택지는 기간이 길수록, 계산을 통한 수치를 비교하는 경우 등에는 오답이 되는 경우가 많지만 예외도 존재하므로 주의가 필요하다.

02 개념 익히기

단순히 눈만 똑바로 뜨고 숫자의 흐름을 따라가기만 하면 맞출 수 있는 유형이다. 하지만, 간혹 원래의 수치와 함께 전기 대비 증감률을 같이 표시해 주는 경우가 있는데 이때에는 원래의 수치를 찾아볼 필요 없이 증감률의 부호만 따져보면 판단할 수 있다. 다만, 후자의 경우는 표의 구조가 복잡하게 되어 있어 증감률이 주어졌다는 사실을 놓칠 수 있다는 점에 주의하자.

대표예제

다음은 국민연금 운용수익률 추이에 대한 자료이다. 이를 토대로 아래 문장을 판단하시오.

〈국민연금 운용수익률 추이〉

(단위 : %)

구분		11년 연평균 (2014 ~ 2024년)	5년 연평균 (2020 ~ 2024년)	3년 연평균 (2022 ~ 2024년)	2024년 (2024년 1년간)
전체		5.24	3.97	3.48	−0.92
금융부문		5.11	3.98	3.49	−0.93
	국내주식	4.72	1.30	3.07	−16.77
	해외주식	5.15	4.75	3.79	−6.19
	국내채권	4.84	3.60	2.45	4.85
	해외채권	4.37	3.58	2.77	4.21
	대체투자	8.75	9.87	8.75	11.80
	단기자금	4.08	1.58	1.59	2.43
공공부문		8.26	−	−	−
복지부문		6.34	−1.65	−1.51	−1.52
기타부문		1.69	0.84	0.73	0.96

Q : 국민연금 전체 운용수익률은 연평균기간이 짧을수록 점차 감소하고 있다.

정답 해설

국민연금 전체 운용수익률은 연평균기간이 짧을수록 5.24% → 3.97% → 3.48% → −0.92%로 감소하고 있다.

A : (O)

| 문제 1 |

다음은 K회사에서 만든 기계제품의 연도별 가격에 대한 자료이다. 이를 토대로 아래 문장을 판단하시오.

〈연도별 기계제품 가격〉

(단위 : 만 원)

구분	2020년	2021년	2022년	2023년	2024년
가격	200	230	215	250	270
재료비	105	107	99	110	115
인건비	55	64	72	85	90
수익	40	59	44	55	65

Q : 제품의 인건비는 꾸준히 증가하였다.

정답 해설

인건비는 55만 원 → 64만 원 → 72만 원 → 85만 원 → 90만 원으로 꾸준히 증가했다. 따라서 옳은 내용이다.

A : (O)

| 문제 2 |

다음은 2024년 월별 전체 교통사고 발생 현황 자료이다. 이를 토대로 아래 문장을 판단하시오.

〈2024년 월별 전체 교통사고 발생 현황〉

(단위 : 건)

구분	1월	2월	3월	4월	5월	6월	7월	8월	9월	10월	11월	12월
발생건수	100,132	87,308	99,598	106,064	111,774	101,112	106,358	112,777	109,540	121,461	123,366	113,374
사망	296	203	252	286	305	279	241	253	287	337	297	313
부상	155,811	144,198	157,731	166,231	177,394	159,268	167,460	186,674	175,881	192,058	193,540	177,725

Q : 전체 교통사고 발생 건수는 2월부터 6월까지 지속적으로 증가하였다.

정답 해설

제시된 자료에서 전체 교통사고 발생 건수는 2월 87,308건을 시작으로 3월 99,598건 → 4월 106,064건 → 5월 111,774건으로 매월 증가하고 있으나 6월에 이르러서는 101,112건으로 전월 대비 감소하는 모습을 보이고 있다. 따라서 옳지 않은 내용이다.

A : (×)

| 문제 3 |

다음은 2019~2024년 연도별 관광통역 안내사 자격증 취득현황 자료이다. 이를 토대로 아래 문장을 판단하시오.

〈연도별 관광통역 안내사 자격증 취득현황〉

(단위 : 명)

구분	영어	일어	중국어	불어	독어	스페인어	러시아어	베트남어	태국어
2024년	464	153	1,418	6	3	3	6	5	15
2023년	344	137	1,963	7	3	4	5	5	17
2022년	379	266	2,468	3	1	4	6	15	35
2021년	238	244	1,160	3	4	3	4	4	8
2020년	166	278	698	2	3	2	3	-	12
2019년	156	357	370	2	2	1	5	1	4
합계	1,747	1,435	8,077	23	16	17	29	30	91

Q : 불어 관광통역 안내사 자격증 취득자 수와 스페인어 관광통역 안내사 자격증 취득자 수는 2020년부터 2024년까지 전년 대비 증감추이가 동일하다.

정답 해설

2020년부터 2024년까지 불어 관광통역 안내사 자격증 취득자 수의 증감추이는 '동일 – 증가 – 동일 – 증가 – 감소'이고, 같은 기간 동안 스페인어 관광통역 안내사 자격증 취득자 수의 증감추이는 '증가 – 증가 – 증가 – 동일 – 감소'이다. 따라서 옳지 않은 내용이다.

A : (×)

문제 4

다음은 8개국의 무역수지에 대한 자료이다. 이를 토대로 아래 문장을 판단하시오.

〈8개국의 무역수지 현황〉

(단위 : 백만 USD)

구분	한국	그리스	노르웨이	뉴질랜드	대만	독일	러시아	미국
7월	40,882	2,490	7,040	2,825	24,092	106,308	22,462	125,208
8월	40,125	2,145	7,109	2,445	24,629	107,910	23,196	116,218
9월	40,846	2,656	7,067	2,534	22,553	118,736	25,432	122,933
10월	41,983	2,596	8,005	2,809	26,736	111,981	24,904	125,142
11월	45,309	2,409	8,257	2,754	25,330	116,569	26,648	128,722
12월	45,069	2,426	8,472	3,088	25,696	102,742	31,128	123,557

Q : 10월부터 12월 사이 한국의 무역수지 변화 추이와 같은 양상을 보이는 나라는 2개국이다.

정답 해설

제시된 자료에서 10월부터 12월 사이 한국의 무역수지는 '증가 – 감소'의 추이를 보이고 있다. 이와 같은 양상을 보이는 나라는 독일과 미국으로 2개국이다. 따라서 옳은 내용이다.

A : (O)

TOPIC 35 | 순위의 판단

01 유형의 이해

여러 기간이 주어지고 그 기간 동안 항목들의 순위가 일치하는지의 여부를 묻는 유형으로, 난이도 자체는 매우 낮지만 의외로 시간 소모가 많은 유형이다. 결과론적으로 이러한 선택지는 거의 대부분 오답인 경우가 많으므로 시간이 부족하다면 틀린 지문으로 처리하고 다른 선택지들을 먼저 판단하는 전략이 필요하다.

02 개념 익히기

이 유형은 최대한 시간 소모를 줄이는 것이 관건인데, NCS의 수리능력, PSAT의 자료해석, 각종 대기업 입사시험 문제들을 통틀어봐도 4위 정도에서 정오가 판별되는 것이 일반적이다. 따라서 기간별로 전체 순위를 쭉 적으며 풀이할 것이 아니라 연도별로 1위를 쭉 판단해 보고 다음으로 2위, 3위를 순서대로 판단해 보는 것이 시간 단축에 도움이 된다. 어차피 상위권은 순위가 일치할 것이므로 매우 빠르게 판단이 가능하다.

대표예제

다음은 K기업의 동호회 인원 구성을 나타낸 자료이다. 이를 토대로 아래 문장을 판단하시오.

〈K기업의 동호회 인원 구성〉

(단위 : 명)

구분	2021년	2022년	2023년	2024년
축구	87	92	114	131
농구	73	77	98	124
야구	65	72	90	117
배구	52	56	87	111
족구	51	62	84	101
등산	19	35	42	67
여행	12	25	39	64
합계	359	419	554	715

Q : 동호회 인원이 많은 순서로 나열할 때, 매년 그 순위는 변화가 없다.

정답 해설

매년 1위는 축구, 2위는 농구, 3위는 야구 순으로 순위가 정해지지만 2022년의 경우 족구가 4위인 반면, 나머지 연도에는 배구가 4위이므로 순위에 변화가 있다. 따라서 옳지 않은 내용이다.

A : (×)

| 문제 1 |

다음은 2024년 9월 국내공항 항공 통계이다. 이를 토대로 아래 문장을 판단하시오.

⟨2024년 9월 국내공항 항공 통계⟩

(단위 : 편, 명, 톤)

구분	운항			여객			화물		
	도착	출발	합계	도착	출발	합계	도착	출발	합계
인천	15,878	15,843	31,721	2,697,760	2,696,932	5,394,692	161,775	168,171	329,946
김포	6,004	6,015	12,019	1,034,808	1,023,256	2,058,064	12,013	11,087	23,100
김해	4,548	4,546	9,094	676,182	672,813	1,348,995	7,217	7,252	14,469
제주	7,296	7,295	14,591	1,238,100	1,255,050	2,493,150	10,631	12,614	23,245
대구	1,071	1,073	2,144	151,341	151,933	303,274	1,208	1,102	2,310
광주	566	564	1,130	82,008	80,313	162,321	529	680	1,209
합계	35,363	35,336	70,699	5,880,199	5,880,297	11,760,496	193,373	200,906	394,279

Q : 도착 운항이 두 번째로 많은 공항은 도착 화물도 두 번째로 높은 수치를 보인다.

| 정답 | 해설 |

도착 운항이 두 번째로 많은 공항은 제주공항이다. 그러나 도착 화물이 두 번째로 많은 공항은 김포공항이다. 따라서 옳지 않은 내용이다.

A : (×)

문제 2

다음은 국가별 디스플레이 세계시장 점유율에 대한 자료이다. 이를 토대로 아래 문장을 판단하시오.

〈국가별 디스플레이 세계시장 점유율〉

(단위 : %)

구분	2018년	2019년	2020년	2021년	2022년	2023년	2024년
A국	45.70	47.60	50.70	44.70	42.80	45.20	45.80
B국	30.70	29.10	25.70	28.10	28.80	24.60	20.80
C국	19.40	17.90	14.60	15.50	15.00	15.40	15.00
D국	4.0	5.0	8.20	10.50	12.50	14.20	17.40
기타	0.20	0.40	0.80	1.20	0.90	0.60	1.0

Q : 조사기간 중 국가별 디스플레이 세계시장 점유율은 A국이 매해 1위를 유지하고 있으며, A국 이외의 국가 순위는 2022년까지 변하지 않았으나, 2023년부터 순위가 바뀌었다.

정답 해설

디스플레이 세계시장 점유율은 A국이 매해 1위를 유지하고 있다. 그러나 A국 이외의 국가 순위는 2023년까지 'B - C - D - 기타' 순서를 유지하다가 2024년에 'B - D - C - 기타' 순서로 바뀌었다.

A : (×)

| 문제 3 |

다음은 지역별 PC 보유율과 인터넷 이용률에 대한 자료이다. 이를 토대로 아래 문장을 판단하시오.

〈지역별 PC 보유율과 인터넷 이용률〉

(단위 : %)

구분 지역	PC 보유율	인터넷 이용률
서울	88.4	80.9
부산	84.6	75.8
대구	81.8	75.9
인천	87.0	81.7
광주	84.8	81.0
대전	85.3	80.4
울산	88.1	85.0
세종	86.0	80.7
경기	86.3	82.9
강원	77.3	71.2
충북	76.5	72.1
충남	69.9	69.7
전북	71.8	72.2
전남	66.7	67.8
경북	68.8	68.4
경남	72.0	72.5
제주	77.3	73.6

Q : PC 보유율이 네 번째로 높은 지역은 인터넷 이용률도 네 번째로 높다.

정답 해설

PC 보유율이 네 번째로 높은 지역은 경기(86.3%)이지만, 인터넷 이용률이 네 번째로 높은 지역은 광주(81.0%)이므로 옳지 않은 내용이다.

A : (×)

PART 7

그 외 도표분석과 작성능력

TOPIC 36 | 계산이 필요 없는 비율판단

01 유형의 이해

수리능력의 문제들을 풀어내기 위해서 어느 정도의 계산은 필수적이지만 그렇다고 해서 모든 문제들을 풀기 위해 계산을 해야 하는 것은 아니다. 예를 들어, 아무리 항목이 많더라도 어느 하나의 수치가 다른 것들에 비해 가장 크다면 점유율 역시 가장 클 수밖에 없으며, 어느 하나가 전체의 절반을 넘는 상황이라면 나머지의 비율은 아무리 크더라도 50%를 넘을 수 없다. 너무나 당연한 것들이지만 실제로 이러한 것들이 복잡한 표와 함께 문제화되면 많은 수험생들이 이를 놓치고 계산의 늪에 빠져버리는 것이 현실이다.

02 개념 익히기

> 계산을 하지 않고 풀 수 있지 않을까를 늘 고민하라.

가장 중요한 것은 비율이 가장 크다면 실제 수치 자체도 가장 크다는 사실이다. 따라서 명시적으로 비율 값을 구해야 하는 상황이 아니라면 최대한 실제 수치를 이용해 판단을 하는 것이 여러모로 효율적이다. 예를 들어, 아래와 같은 간단한 자료를 생각해 보자.

(단위 : 가구)

구분	1인 가구	2인 가구
A시	75,331	90,220
B시	632,193	301,092
C시	110,321	332,910
⋮	⋮	⋮
전국	1,544,220	1,539,091

위의 표를 살펴보면 전국의 1인 가구 수와 2인 가구 수가 거의 비슷하다는 것을 알 수 있다. 즉, 이런 구조를 가지고 있다면 전체에서 차지하는 비율을 이용한 선택지를 풀 때에는 굳이 각각의 비율을 구할 것이 아니라 시별로 주어진 수치 자체를 이용해 판단해도 결과는 다르지 않다.

대표예제

다음은 2020 ~ 2024년 생활 폐기물 처리 현황에 대한 자료이다. 이를 토대로 아래 문장을 판단하시오(단, 비율은 소수점 둘째 자리에서 반올림한다).

〈생활 폐기물 처리 현황〉

(단위 : 톤)

구분	2020년	2021년	2022년	2023년	2024년
매립	9,471	8,797	8,391	7,613	7,813
소각	10,309	10,609	11,604	12,331	12,648
재활용	31,126	29,753	28,939	29,784	30,454
합계	50,906	49,159	48,934	49,728	50,915

Q : 매년 생활 폐기물 처리량 중 재활용 비율이 가장 높다.

정답 해설

외견상으로는 2020년부터 2024년까지 전체 생활 폐기물 처리량의 합계에서 재활용 처리량의 비율을 모두 구해 나머지 처리방법과의 비교를 해야 하는 것처럼 보인다. 하지만 같은 연도 안에서 각각의 처리방법의 비율을 비교하는 것은 결국 실제 처리량의 대소를 따지는 것과 동일한 결과라는 점을 생각해 본다면 굳이 비율을 계산할 필요가 없다. 위의 표를 살펴보면 2020년부터 2024년까지 매년 재활용 처리방법을 통한 생활 폐기물 처리량이 3가지 처리방법 중 가장 크다는 것을 알 수 있다. 따라서 재활용 비율 역시 가장 높을 수밖에 없다.

A : (O)

TOPIC 37 | 계산이 필요 없는 곱셈 값의 비교

01 유형의 이해

수리능력에서 가장 많이 접하는 유형이 바로 '어떤 것을 곱한 값끼리의 비교'이다. 하지만 경우에 따라서는 문제의 외형과 다르게 곱셈비교를 전혀 하지 않고도 대소비교가 가능하며, 의외로 이런 유형의 문제가 종종 출제되는 편이다. 가장 대표적인 것은 곱해지는 두 수치가 모두 큰(작은) 경우인데, 이런 경우는 어떠한 계산도 필요하지 않으며, 곧바로 대소비교가 가능하다.

02 개념 익히기

$$(\text{큰 수 1}) \times (\text{큰 수 2}) > (\text{작은 수 1}) \times (\text{작은 수 2})$$

수리능력과 관련된 수험서를 읽다보면 '곱셈의 비교' 파트에서 위와 같은 의미의 내용을 가장 먼저 설명하고 있으며, 해당 부분을 읽을 때에는 '이런 당연한 것을…' 하며 대수롭지 않게 넘기곤 한다. 하지만 막상 이것이 문제화되었을 경우에는 전혀 엉뚱하게 해석하거나 심지어는 시간이 많이 걸리는 선택지로 판단하고 스킵하는 경우가 있다. NCS의 수리능력은 지나치게 복잡하거나 고차원적인 계산을 요구하는 영역이 아니라 연산의 가장 기본적인 규칙을 적합한 곳에 얼마나 빠르게 적용할 수 있는지를 테스트하는 영역이다.

대표예제

다음은 천식 의사진단율에 대한 자료이다. 이를 토대로 아래 문장을 판단하시오(단, 소수점 첫째 자리에서 버림한다).

⟨2024년 천식 의사진단율⟩

구분	남학생		여학생	
	분석대상자 수(명)	진단율(%)	분석대상자 수(명)	진단율(%)
중1	5,178	9.1	5,011	6.7
중2	5,272	10.8	5,105	7.6
중3	5,202	10.2	5,117	8.5
고1	5,069	10.4	5,096	7.6
고2	5,610	9.8	5,190	8.2
고3	5,293	8.7	5,133	7.6

Q : 천식 진단을 받은 여학생의 수는 중·고등학교 모두 남학생의 수보다 적다.

정답 해설

언뜻 보면 학년별로 분석대상자 수와 진단율을 곱해 남학생과 여학생을 비교해야 하는 것처럼 보인다. 하지만 자료를 자세히 보면 학년별로 남학생의 분석대상자 수와 진단율이 대부분 여학생에 비해 크다는 것을 알 수 있다. 따라서 분석대상자 수가 많은 고1 여학생과 남학생의 수만 비교하면 되며, 실제로 계산해도 남학생의 진단자 수가 더 많다는 것을 알 수 있다.

A : (O)

TOPIC 38 | 뺄셈비교

01 유형의 이해

증가액을 구해야 하는 뺄셈비교는 분수값을 계산해야 하는 증가율 계산에 비해 훨씬 간단하며, 특별한 이슈가 없는 편이다. 최근에는 증가액 자체를 묻는 경우보다 증가액들 간의 비교, 즉 **뺄셈비교**의 형태로 응용되어 출제되고 있다. 이는 결국 앞서 설명한 배수, 증가율 등의 주제가 증가액과 결합된 것이라고 볼 수 있다.

02 개념 익히기

다른 유형의 선택지와 다르게 뺄셈을 다루는 유형에서는 풀이 시간을 단축할 수 있는 방법이 사실상 '유효숫자의 활용'과 '징검다리법' 둘뿐이다. 물론 수험서에 따라서는 이 이외의 여러 가지 뺄셈 테크닉을 소개하고 있지만 실제 시험장에서 그런 방법들을 사용한다는 것이 현실적으로 어렵기도 하고 오히려 혼란만 가져올 수 있다. 따라서 여기서는 이 두 가지 방법만을 소개한다.

먼저, 유효숫자란 원래의 숫자를 이용한 것과 큰 차이가 없는 숫자를 말한다. 예를 들어 8,722,120이라는 숫자와 3,931,651의 차이를 구해야 한다고 해 보자. 물론 단순히 둘을 뺄셈하여 4,790,469라는 답을 구할 수도 있다. 하지만 문제에서는 이렇게 구체적인 수치를 요구하기보다는 다른 항목과의 대소비교를 묻는 경우가 대부분이므로 굳이 이런 수치보다는 어림한 수치로 판단해도 큰 문제가 없다. 즉, 앞의 숫자를 87, 뒤의 것을 39로 놓고 차이를 계산해도 큰 차이가 없다는 것이다. 대부분의 경우는 앞의 두 자리만 뽑아내도 무방하나 주어진 자료들이 밀집되어 있다면 앞의 세 자리까지 확장하여 계산하는 것이 안전하다(이 수치들의 경우는 872와 393으로 뽑아낸다는 것이다).

다음은 '징검다리법'이라고 불리는 방법으로 이해의 편의를 위해 위의 예를 활용해 보겠다. 37과 89의 차이를 구하기 위해 중간에 40이라는 징검다리를 하나 놓아보자. 그렇다면 37과 40의 차이인 '3', 40과 89의 차이인 '49'를 더한 52가 37과 89의 차이가 됨을 알 수 있다. 매우 단순한 원리이지만 숫자의 자릿수가 커지고 숫자가 복잡할 때 유용하게 사용할 수 있는 방법이니 꼭 숙달되었으면 좋겠다. 여기서 징검다리는 10의 배수, 즉 10, 50, 100, 3,000 등으로 설정하는 것이 바람직하다.

대표예제

다음은 K지역의 임가소득에 대한 자료이다. 이를 토대로 아래 문장을 판단하시오.

〈K지역의 임가소득 현황〉

(단위 : 천 원, %)

연도 \ 구분	2020년	2021년	2022년	2023년	2024년
임가소득	27,288	27,391	27,678	27,471	29,609
경상소득	24,436	( )	( )	25,803	26,898
임업소득	8,203	7,655	7,699	8,055	8,487
임업외소득	11,786	11,876	12,424	12,317	13,185
이전소득	4,447	4,348	4,903	5,431	5,226
비경상소득	2,852	3,512	2,652	2,668	2,711

※ (임가소득)=(경상소득)+(비경상소득)

Q : 경상소득은 2020년부터 2024년까지 매년 증가한다.

정답 해설

제시된 자료의 경우는 유효숫자를 앞의 두 자리로 처리하기에는 모든 연도의 숫자들이 매우 비슷한 상황이다. 따라서 임가소득은 세 자리로, 비경상소득은 두 자리로 놓고 판단해 보자.

- 2020년 : 244
- 2021년 : 273-35
  징검다리를 40으로 놓으면 35, 40, 2730이 되므로 전체의 차이는 5+243=238이다.
- 2022년 : 277-26
  징검다리를 30으로 놓으면 26, 30, 2770이 되므로 전체의 차이는 4+247=251이다.
- 2023년 : 258
- 2024년 : 269

따라서 2021년의 경상소득은 2020년에 비해 감소하였으므로 옳지 않다.

A : (×)

| 문제 1 |

다음은 영재학생 역량별 요구수준 및 현재수준에 대한 자료이다. 이를 토대로 아래 문장을 판단하시오.

〈영재학생 역량별 요구수준 및 현재수준〉

(단위 : 점)

역량 \ 집단구분	과학교사			인문교사		
	요구수준	현재수준	부족수준	요구수준	현재수준	부족수준
문해력	4.30	3.30	1.00	4.50	3.26	1.24
수리적 소양	4.37	4.00	0.37	4.43	3.88	0.55
과학적 소양	1.52	1.03	0.49	4.63	4.00	0.63
ICT 소양	4.33	3.59	0.74	4.52	3.68	0.84
경제적 소양	3.85	2.84	1.01	4.01	2.87	1.14
문화적 소양	4.26	2.84	1.42	4.46	3.04	1.42
비판적 사고	4.71	3.53	1.18	4.73	3.70	1.03
창의성	4.64	3.43	1.21	4.84	3.67	1.17
의사소통능력	4.68	3.42	1.26	4.71	3.65	1.06

Q : 인문교사의 요구수준과 현재수준의 차이는 문해력이 창의성보다 작다.

정답 해설

먼저, 계산을 간단하게 하기 위해 모든 수치에 100을 곱해 소수점을 없앤 후 계산해 보자. 문해력의 경우 400을 징검다리로 놓으면 50(=450-400)+74(=400-326)로 계산되어 둘의 차이가 124임을 알 수 있으며, 같은 방법으로 창의성도 계산해 보면 둘의 차이가 117임을 알 수 있다. 따라서 문해력의 차이가 창의성보다 더 크다.

A : (×)

| 문제 2 |

다음은 17세기 후반의 호구(戶口)에 대한 자료이다. 이를 토대로 아래 문장을 판단하시오.

〈17세기 후반 호구(戶口) 자료〉

(단위 : 호, 명)

구분 조사연도	조선왕조실록		호구총수	
	호(戶)	구(口)	호(戶)	구(口)
현종 10년	1,342,274	5,164,524	1,313,652	5,018,744
현종 13년	1,176,917	4,695,611	1,205,866	4,720,815
숙종 원년	1,234,512	4,703,505	1,250,298	4,725,704
숙종 19년	1,546,474	7,188,574	1,547,237	7,045,115
숙종 25년	1,293,083	5,772,300	1,333,330	5,774,739

Q : 숙종 19년 호(戶)수와 구(口)수의 차이는 조선왕조실록이 호구총수보다 크다.

정답 해설

숫자가 커서 계산하기 복잡한 것처럼 보이지만 실상은 눈으로도 판단이 가능한 문제이다. 조선왕조실록과 호구총수의 호(戶)수와 구(口)수의 차이를 판단하기 전에 각각의 구(口)수를 먼저 비교해 보면 조선왕조실록이 호구총수에 비해 10만 명 이상 더 큰 상태임을 알 수 있다. 그런데 호(戶)수는 조선왕조실록과 호구총수의 차이가 1,000명에도 미치지 못하는 상태이므로 직접 계산해 볼 필요 없이 조선왕조실록의 차이가 더 크다는 것을 알 수 있다.

A : (O)

| 문제 3 |

다음은 국가별 생산자 물가지수 추이에 대한 자료이다. 이를 토대로 아래 문장을 판단하시오.

〈국가별 생산자 물가지수 추이〉

구분	2018년	2019년	2020년	2021년	2022년	2023년	2024년
한국	97.75	98.63	100.0	108.60	108.41	112.51	119.35
미국	93.46	96.26	100.0	106.26	103.55	107.94	114.39
독일	93.63	98.69	100.0	105.52	101.12	102.72	–
중국	94.16	96.99	100.0	106.87	101.13	106.69	113.09
일본	95.15	98.27	100.0	104.52	99.04	98.94	100.96
대만	88.89	93.87	100.0	105.16	95.91	101.16	104.62

Q : 전년 대비 2019년 물가지수 상승폭이 가장 큰 나라의 상승치는 5 이상이다.

정답 해설

2019년의 전년 대비 물가지수 상승폭을 다 계산해서 풀어도 되지만, 상승치가 5 이상인지 확인하면 되므로 2019년의 물가지수에서 5를 뺀 값이 2018년의 물가지수보다 큰지 확인하면 쉽게 풀 수 있다. 나머지 국가는 상승치가 5보다 작지만 독일의 경우 98.69−5 > 93.63이므로 옳은 내용임을 알 수 있다.

A : (○)

| 문제 4 |

다음은 월별 산지쌀값에 대한 자료이다. 이를 토대로 아래 문장을 판단하시오.

〈월별 산지쌀값 현황〉

(단위 : 원/100kg)

구분	2022년	2023년	2024년
1월	146,560	129,328	157,692
2월	145,864	129,372	161,792
3월	144,972	128,944	167,480
4월	144,316	127,952	171,376
5월	144,052	127,280	172,264
6월	143,576	126,840	174,096
7월	142,900	126,732	175,784
8월	141,869	129,232	177,252
9월	137,152	132,096	178,272
10월	134,076	150,892	194,772
11월	129,348	152,224	193,696
12월	128,328	154,968	193,656

Q : 전월 대비 산지 쌀값의 증가분은 2023년 8월이 동년 12월보다 작다.

정답 해설

수치의 자릿수가 크기 때문에 직접 계산하기보다는 유효숫자를 활용하여 풀이하는 것이 효율적이다. 이 문제는 두 자리로 끊을 경우 판단이 불가능하므로 세 자리로 자릿수를 늘려 판단해 보면 8월의 증가분이 3이고, 12월의 증가분이 2이므로 전자가 더 큼을 알 수 있다.

A : (×)

TOPIC 39 | 많은 수의 뺄셈

01 유형의 이해

빈칸 채우기 문제에서 주로 볼 수 있는 유형으로, 전체 합계에서 주어진 복수의 수치들을 연쇄적으로 빼는 것이며 매년 어느 공기업이든 한 곳에서는 반드시 출제된다. 일반적인 경우라면 뺄셈보다는 덧셈 속도가 더 빠르므로 최대한 덧셈을 많이 활용하게끔 풀이법을 변형하는 것이 핵심이다.

02 개념 익히기

$$(가)+B+C+D=E \Rightarrow (가)=E-(B+C+D)$$

위에 적힌 식에는 중간 과정 하나가 생략되어 있다. 바로 (가)=E-B-C-D가 그것인데, 많은 수험생들이 (가)를 구할 때 이렇게 연쇄적으로 뺄셈을 하는 편이다. 뺄셈은 덧셈과 달리 앞자리 수에서 숫자를 끌어오기도 해야 하고 시간도 더 걸리는 만큼 유효숫자와 반올림, 올림 등 각종 테크닉을 동원하여 계산해야 한다. 하지만 굳이 그렇게 복잡하게 하기보다는 위의 식처럼 덧셈으로 묶어버린다면 오차 없이 가장 빠르게 계산이 가능하다.

대표예제

다음은 K국의 치료감호소 수용자 현황에 대한 자료이다. 이를 토대로 아래 문장을 판단하시오.

〈치료감호소 수용자 현황〉

(단위 : 명)

구분	약물	성폭력	심신장애자	합계
2019년	89	77	520	686
2020년	( )	76	551	723
2021년	145	100	579	824
2022년	137	131	619	887
2023년	114	146	688	948
2024년	88	174	688	950

Q : 2020년 약물 관련 치료감호소 수용자는 96명이다.

정답 해설

2020년 치료감호소 수용자 현황을 토대로 계산하면 723-(76+551)=96명이다. 따라서 옳은 내용이다.

A : (O)

TOPIC 40 | 큰 수의 단위 비교

01 유형의 이해

수리능력에서 자주 등장하는 유형 중 하나가 바로 단위를 변환하여 새로운 수치를 찾아내는 것이다. 사실 이 유형은 계산 자체는 매우 쉬운 편이지만 단위가 다른 것들이 섞여있다 보니 변환과정에서 실수하기 딱 좋다고 볼 수 있다. 이 유형은 선택지도 1억, 10억, 5억, 50억 등으로 구성되어 앞자리 숫자가 중요한 것이 아니라 단위 변환을 어떻게 했느냐가 출제 포인트인 경우가 거의 대부분이다.

02 개념 익히기

> 단위는 작은 것으로 통일하고, 환율은 주어진 상태로 먼저 계산한 후 환산한다.

먼저 길이, 넓이 등을 직접 구하는 문제의 경우 단위가 서로 혼재되어 있다 보니 계산 과정에서 실수하기 쉽다. 따라서 처음에 시작할 때부터 단위들을 하나로 통일해 놓고 풀이하는 것이 바람직하다. 또한 m와 cm가 섞여있는 경우, 가급적이면 작은 단위인 cm로 통일하는 것이 좋다. 큰 것으로 통일할 경우 소수점 단위의 숫자가 등장하게 되어 오히려 풀이에 방해가 되기 때문이다. 다음으로 자주 등장하는 것은 환율문제이다. 이는 다음의 문제를 통해 정리하도록 하자.

대표예제

다음은 우리나라 반도체 종류에 따른 수출 현황을 나타낸 자료이다. 이를 토대로 아래 문장을 판단하시오.

〈우리나라 반도체 종류별 수출 현황〉

(단위 : 백만 달러, %)

구분		2023년	2024년				
			1분기	2분기	3분기	4분기	합계
반도체	금액	62,229	20,519	23,050	26,852	29,291	99,712
	증감률	-1.1	46.9	56.6	64.8	69.8	60.2
집적회로 반도체	금액	55,918	18,994	21,368	24,981	27,456	92,799
	증감률	-2.1	52.1	63.1	70.5	75.1	66.0
개별소자 반도체	금액	5,677	1,372	1,505	1,695	1,650	6,222
	증감률	10.5	4.2	3.8	14.8	15.1	9.6
실리콘 웨이퍼	금액	634	153	177	176	185	691
	증감률	-2.2	-7.5	2.2	7.5	41.3	9.0

Q : 2024년 환율이 1,100원/달러로 일정할 때, 실리콘 웨이퍼의 4분기 수출액은 1분기보다 300억 원 이상 많다.

정답 해설

자료는 달러로 주어져 있는 반면, 선택지는 원화로 주어져 있으므로 환율을 고려한 수치로 판단해야 하는 유형이다. 사실 이러한 유형은 곱셈과 뺄셈만으로 이루어진 아주 간단한 유형이지만 화폐단위가 서로 섞여있다 보니 실수할 가능성이 높은 편이다. 하지만 이 유형은 다음 각각의 경우에 따른 풀이순서를 확인하면 실수를 줄일 수 있다.

환율이 일정한 경우	① 달러로 계산한다. (185-153)백만 달러=32백만 달러 ② 환율을 곱하고 화폐단위를 바꾼다. 32백만 달러×1,100원=35,200백만 원 ③ 단위를 조정한다. 35,200백만 원=352억 원
환율이 변동한 경우 (1분기 환율은 1,000원/달러, 4분기 환율은 1,100원/달러로 가정)	① 환율을 곱하고 화폐단위를 바꾼다. 1분기 : 153백만 달러×1,000원=153,000백만 원 4분기 : 185백만 달러×1,100원=203,500백만 원 ② 원화로 계산한다. (203,500-153,000)백만 원=50,500백만 원 ③ 단위를 조정한다 50,500백만 원=505억 원

A : (○)

TOPIC 41 | 분수 값의 계산

01 유형의 이해

전체 합계가 별도로 주어져 있지 않은 상황에서 $\frac{(여러\ 항목의\ 합)}{(전체\ 합계)}$ 을 구해야 하는 것으로, 실제 시험장에서 만나게 되면 매우 곤혹스러운 유형이다. 물론 실제 문제에서는 $\frac{(여러\ 항목의\ 합)}{(전체\ 합계)}$ 의 정확한 값을 요구하는 것이 아니라 이 분수 값이 '○○%보다 크다.'와 같이 비율과의 대소비교를 묻는 것이 대부분이지만 어찌되었든 문제 풀이를 위해 분수를 끌어낼 수 있어야 한다. 이 유형은 마땅한 스킬도 존재하지 않으며 시간소모도 많은 유형이지만 자주 출제되고 있으므로 자신만의 전략이 필요하다.

02 개념 익히기

자릿수 끊어 계산하기

시험장에서 이런 선택지를 만나게 되면 일단은 넘겨야 한다. 기본적으로 이 유형은 아무런 논리적인 의미도 없이 단순히 덧셈을 빨리 하는 것만이 중요하므로 현실적으로 이런 선택지가 답이 되지 않는 경우가 대부분이다. 따라서 다른 선택지들을 먼저 살펴본 다음 최후의 수단으로 이 선택지를 판단하기 바란다.

여기서는 전체 합계를 구하는 것을 피할 수 없을 때 조금이나마 시간을 단축시킬 수 있는 방법을 소개하고자 한다. 흔히 '자릿수 끊어 계산하기'라고 부르는 방법인데, 수치들을 전체로 놓고 한 번에 계산하는 것보다 어느 정도의 시간 절약효과가 있다. 특히 수치가 네자리를 넘어갈 경우에 상당히 유용한 방법인데 이는 다음의 문제를 통해 정리하도록 하자.

대표예제

다음은 사법고시 시험에 대한 대학별 결과를 나타낸 자료이다. 이를 토대로 아래 문장을 판단하시오(단, 비율은 소수점 둘째 자리에서 반올림한다).

〈사법고시 시험 결과표〉

(단위 : 명)

구분	입학인원	석사학위 취득자	제9회 사법고시 시험	
			응시자	합격자
A대학	154	123	123	117
B대학	70	60	60	49
C대학	44	32	32	30
D대학	129	104	103	87
E대학	127	97	95	85
F대학	66	48	49	41
G대학	128	95	95	78
H대학	52	41	40	31
I대학	110	85	85	65
J대학	103	82	80	59

Q : A~J대학 전체 입학인원 중 D, E, F대학의 총 입학인원은 30% 이상이다.

정답 해설

앞서 언급한 자릿수 끊어 계산하기를 통해 대학의 전체 입학인원을 계산해 보자. 전체 대학의 입학인원은 모두 세 자리를 넘지 않으므로 먼저 백의 단위의 숫자들만 더하면 6이 되며, 십의 단위의 숫자들의 합은 34, 일의 단위의 숫자들의 합은 43이 된다. 이를 자릿수를 고려하여 계산하면 다음과 같다.

```
  6
 34
 43
---
983
```

이는 일반 덧셈의 원리와 다를 바 없지만 계산을 일의 자리에서 시작하는 것이 아니라 가장 큰 자리에서 시작했기 때문에 비교적 가볍게 계산할 수 있다. 이 방법은 다른 문제에서도 활용 가능하므로 잘 익혀두기 바란다.

같은 방법을 활용하여 D, E, F의 총 입학인원을 구하면 다음과 같다.

```
  2
 10
 22
---
322
```

이때 983의 30%는 10%인 약 98의 3배이므로 300에 조금 미치지 못한다. 따라서 D, E, F대학의 총 입학인원은 전체 입학인원의 30% 이상임을 알 수 있다.

A : (O)

PART 8

빈출토픽문제

TOPIC 42 근무평정

| 문제 1 |

K사는 승진을 위해 의무 이수 교육 기준을 만족해야 한다. E사원이 올해 경영교육 15시간, OA교육 20시간, 사무영어교육 30시간을 이수했을 때 다음과 같은 조건으로 계산한 점수를 인사고과에 반영한다면 E사원의 의무 이수 교육 점수는 몇 점이 부족한가?

〈의무 이수 교육 기준〉

경영	OA	사무영어
30점	20점	20점

※ 한 시간당 1점으로 환산함
※ 초과 교육 이수 자료를 제출하면 시간당 0.5점씩 경영점수로 환산할 수 있음

① 5점 ② 7점
③ 10점 ④ 15점
⑤ 20점

정답 해설

E사원은 경영교육을 15시간 이수하였으므로 추가로 15시간을 더 이수해야 한다. 하지만 사무영어교육은 30시간으로, 기준보다 10시간 초과하여 이수했기 때문에 조건에 따라 초과한 10시간은 시간당 0.5점씩 경영점수로 환산할 수 있다.
따라서 5점이 경영점수로 환산되어 경영점수가 20점이 되므로 총 의무 이수 교육 점수는 10점이 부족하다.

정답 ③

문제 2

K사에서 승진대상자 중 2명을 승진시키려고 한다. 승진은 대상자 중 동료평가에서 '하'를 받지 않고 합산점수가 높은 순으로 한다. 합산점수는 100점 만점으로 환산한 승진시험 성적, 영어 성적, 성과 평가의 수치를 합산한다. 승진시험의 만점은 100점, 영어 성적의 만점은 500점, 성과 평가의 만점은 200점이라고 할 때, 승진대상자 2명은 누구인가?

〈K사 승진대상자 평가 점수〉

(단위 : 점)

구분	승진시험 성적	영어 성적	동료 평가	성과 평가
A	80	400	중	120
B	80	350	상	150
C	65	500	상	120
D	70	400	중	100
E	95	450	하	185
F	75	400	중	160
G	80	350	중	190
H	70	300	상	180
I	100	400	하	160
J	75	400	상	140
K	90	250	중	180

① B, K
② A, C
③ E, I
④ F, G
⑤ H, D

정답 해설

승진시험 성적은 100점 만점이므로 제시된 점수를 그대로 반영하고 영어 성적은 5로 나누어서 반영한다. 성과 평가의 경우는 2로 나누어서 반영하고, 합산점수가 가장 큰 사람을 선발한다. 합산점수를 계산하면 다음과 같다.

(단위 : 점)

구분	A	B	C	D	E	F	G	H	I	J	K
합산점수	220	225	225	200	277.5	235	245	220	260	225	230

이 중 E와 I는 동료 평가에서 '하'를 받았으므로 승진대상에서 제외된다.
따라서 E와 I를 제외하고 합산점수가 높은 F, G가 승진대상자가 된다.

정답 ④

TOPIC 43 | 교육비

| 문제 1 |

W씨는 3명의 친구와 함께 K공단에서 제공하고 있는 교육을 수강하고자 한다. W씨는 첫 번째 친구와 함께 A, C강의를 수강하고 두 번째 친구는 B강의를, 세 번째 친구는 A∼C 세 강의를 모두 수강하려고 한다. 이때 총 수강료는?

〈K공단 교육 수강료 안내〉

변경 전	변경 후	비고
모두 5만 원	• A강의 : 5만 원 • B강의 : 7만 원 • C강의 : 8만 원	• 두 강의를 동시 수강할 경우, 금액의 10% 할인 • 세 강의를 모두 수강할 경우, 금액의 20% 할인

① 530,000원
② 464,000원
③ 453,000원
④ 421,700원
⑤ 410,000원

정답 해설

먼저 W씨와 첫 번째 친구가 선택한 A, C강의의 수강료는 [(50,000+80,000)×0.9]×2=234,000원이다. 두 번째 친구의 B강의 수강료는 70,000원이고, 모든 강의를 수강하는 세 번째 친구의 수강료는 (50,000+70,000+80,000)×0.8=160,000원이다. 따라서 총 수강료는 234,000+70,000+160,000=464,000원이다.

정답 ②

문제 2

K공단에서 직원들에게 자기계발 교육비용을 일부 지원하기로 하였다. 총무인사팀 A~E 5명의 직원이 다음과 같이 교육프로그램을 신청하였을 때, K공단에서 총무인사팀 직원들에게 지원하는 총 교육비는 얼마인가?

〈자기계발 수강료 및 지원 금액〉

구분	영어회화	컴퓨터 활용능력	세무회계
수강료	7만 원	5만 원	6만 원
지원 금액 비율	50%	40%	80%

〈교육프로그램 신청내역〉

구분	영어회화	컴퓨터 활용능력	세무회계
A	○		○
B	○	○	○
C		○	○
D	○		
E		○	

① 307,000원
② 308,000원
③ 309,000원
④ 310,000원
⑤ 311,000원

정답 해설

자기계발 과목에 따라 해당되는 지원 금액과 신청 인원을 정리하면 다음과 같다.

구분	영어회화	컴퓨터 활용능력	세무회계
지원 금액	70,000원×0.5=35,000원	50,000원×0.4=20,000원	60,000원×0.8=48,000원
신청 인원	3명	3명	3명

각 교육프로그램에 3명씩 지원했으므로, 총 지원비는 (35,000+20,000+48,000)×3=309,000원이다.

정답 ③

TOPIC 44 | 제작비

| 문제 1 |

K공사 자재관리팀에 근무 중인 귀하는 행사에 사용할 배너를 제작하는 업무를 맡았다. 다음 상황을 토대로 상사의 추가 지시에 따라 계산한 현수막 제작 비용은?

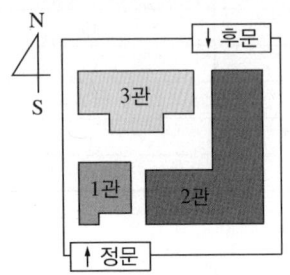

- ■ 행사 장소를 나타낸 도면
- ■ 행사 장소 : 본 건물 3관

- ■ 배너 제작 비용(배너 거치대 포함)
  - 일반 배너 한 장당 15,000원
  - 양면 배너 한 장당 20,000원

- ■ 현수막 제작 비용
  - 기본 크기(세로×가로) : 1m×3m → 5,000원
  - 기본 크기에서 추가 시 → 1m² 당 3,000원씩 추가

상사 : 행사장 위치를 명확하게 알리려면 현수막도 설치하는 것이 좋을 것 같네요. 정문하고 후문에 하나씩 걸고, 2관 건물 입구에도 하나를 답시다. 정문하고 후문에는 3m×8m 크기로 하고, 2관 건물 입구에는 1m×4m의 크기가 적당할 것 같아요. 견적 좀 부탁할게요.

① 84,000원
② 98,000원
③ 108,000원
④ 120,000원
⑤ 144,000원

정답 해설

현수막의 기본 크기는 1m×3m(=3m²)이고 가격은 5,000원으로 1m² 당 3,000원의 추가비용이 든다. 상사가 추가로 요청한 현수막의 크기는 '3m×8m' 2개, '1m×4m' 1개이다.
- 3m×8m(=24m²) 크기의 현수막 제작 비용 : 5,000+(24-3)×3,000=68,000원
- 1m×4m(=4m²) 크기의 현수막 제작 비용 : 5,000+(4-3)×3,000=8,000원

따라서 상사의 추가 지시에 따른 현수막 제작 비용은 68,000×2+8,000=144,000원이다.

정답 ⑤

| 문제 2 |

K회사에서 다음과 같은 조건으로 임원용 보고서와 직원용 보고서를 제작하려고 한다. 임원용 보고서와 직원용 보고서의 제작비를 계산한 값이 바르게 연결된 것은?

- 보고서 : 85페이지(표지 포함)
- 임원용(10부) : 컬러 단면 복사, 플라스틱 커버, 스프링 제본
- 직원용(20부) : 흑백 양면 복사, 2쪽씩 모아 찍기, 집게(2개)

(단위 : 장당, 개당)

컬러 복사	흑백 복사	플라스틱 커버	스프링 제본	집게
양면 200원	양면 70원	2,000원	2,000원	50원
단면 300원	단면 100원			

※ 표지는 모두 컬러 단면 복사를 함
※ 플라스틱 커버 1개는 한 면만 커버할 수 있음

	임원용	직원용		임원용	직원용
①	325,000원	42,300원	②	315,000원	37,700원
③	315,000원	37,400원	④	295,000원	35,300원
⑤	292,000원	32,100원			

정답 해설

- 임원용 보고서 1부의 가격은 (85페이지×300원)+[2×2,000원(플라스틱 커버 앞/뒤)]+2,000원(스프링 제본)=31,500원이다. 총 10부가 필요하므로 전체 제작비는 315,000원이다.
- 직원용 보고서 1부의 가격은 84페이지(표지 제외)÷2(2쪽씩 모아 찍기)÷2(양면 인쇄)=21장이므로 (21장×70원)+100원(집게 두 개)+300원(표지)=1,870원이다. 총 20부가 필요하므로 전체 제작비는 37,400원이다.

정답 ③

TOPIC 45 | 연비

문제 1

다음은 A~C차량의 연료 및 경제속도 연비, 연료별 리터당 가격에 대한 자료이다. 〈조건〉을 참고할 때, A~C차량 중 두 번째로 높은 연료비가 소요되는 차량과 해당 차량의 연료비를 바르게 짝지은 것은?

〈A~C차량의 연료 및 경제속도 연비〉

구분	연료	경제속도 연비(km/L)
A차량	LPG	10
B차량	휘발유	16
C차량	경유	20

※ 차량 경제속도는 60km/h 이상 90km/h 미만임

〈연료별 리터당 가격〉

구분	LPG	휘발유	경유
리터당 가격(원/L)	1,000	2,000	1,600

조건

- A~C차량은 모두 다음과 같이 각 구간을 한 번씩 주행하고, 구간별 주행속도 범위 내에서만 주행한다.

구분	1구간	2구간	3구간
주행거리(km)	100	40	60
주행속도(km/h)	30 이상 60 미만	60 이상 90 미만	90 이상 120 미만

- A~C차량의 주행속도별 연비적용률은 다음과 같다.

구분	주행속도(km/h)	연비적용률(%)
A차량	30 이상 60 미만	50.0
	60 이상 90 미만	100.0
	90 이상 120 미만	80.0
B차량	30 이상 60 미만	62.5
	60 이상 90 미만	100.0
	90 이상 120 미만	75.0
C차량	30 이상 60 미만	50.0
	60 이상 90 미만	100.0
	90 이상 120 미만	75.0

※ 연비적용률은 경제속도 연비 대비 주행속도 연비를 백분율로 나타낸 것을 말함

	차량	연료비			차량	연료비
①	A	27,500원		②	A	31,500원
③	B	24,500원		④	B	35,000원
⑤	C	25,600원				

정답   해설

차량별 연료비를 구하면 다음과 같다.

구분	1구간	2구간	3구간
A	• 연비 : 10×0.5=5km/L • 소요연료량 : 100÷5=20L • 연료비 : 1,000×20=20,000원	• 연비 : 10km/L • 소요연료량 : 40÷10=4L • 연료비 : 1,000×4=4,000원	• 연비 : 10×0.8=8km/L • 소요연료량 : 60÷8=7.5L • 연료비 : 1,000×7.5=7,500원
B	• 연비 : 16×0.625=10km/L • 소요연료량 : 100÷10=10L • 연료비 : 2,000×10=20,000원	• 연비 : 16km/L • 소요연료량 : 40÷16=2.5L • 연료비 : 2,000×2.5=5,000원	• 연비 : 16×0.75=12km/L • 소요연료량 : 60÷12=5L • 연료비 : 2,000×5=10,000원
C	• 연비 : 20×0.5=10km/L • 소요연료량 : 100÷10=10L • 연료비 : 1,600×10=16,000원	• 연비 : 20km/L • 소요연료량 : 40÷20=2L • 연료비 : 1,600×2=3,200원	• 연비 : 20×0.75=15km/L • 소요연료량 : 60÷15=4L • 연료비 : 1,600×4=6,400원

이를 토대로 차량별 전체 연료비를 구하면 다음과 같다.

A	B	C
20,000+4,000+7,500=31,500원	20,000+5,000+10,000=35,000원	16,000+3,200+6,400=25,600원

따라서 두 번째로 높은 연료비가 소요되는 차량은 A이고, 연료비는 31,500원이다.

정답 ②

TOPIC 46 | 전기요금

| 문제 1 |

다음은 계절별 전기요금표이다. 7월에 전기 460kWh를 사용하여 전기세가 많이 나오자 10월에는 전기사용량을 줄이기로 하였다. 10월에 사용한 전력이 341kWh이라면, 10월에 전기세로 청구될 금액은 얼마인가?

〈전기요금표〉

- 하계(7.1 ~ 8.31)

구간		기본요금(원/호)	전력량요금(원/kWh)
1단계	300kWh 이하 사용	910	93.3
2단계	301 ~ 450kWh	1,600	187.9
3단계	450kWh 초과	7,300	280.6

- 기타 계절(1.1 ~ 6.30, 9.1 ~ 12.31)

구간		기본요금(원/호)	전력량요금(원/kWh)
1단계	200kWh 이하 사용	910	93.3
2단계	201 ~ 400kWh	1,600	187.9
3단계	400kWh 초과	7,300	280.6

- 부가가치세(원 미만 반올림) : 전기요금의 10%
- 전력산업기반기금(10원 미만 절사) : 전기요금의 3.7%
- 전기요금(원 미만 절사) : (기본요금)+(전력량요금)
- 청구금액(10원 미만 절사) : (전기요금)+(부가가치세)+(전력산업기반기금)

① 51,020원
② 53,140원
③ 57,850원
④ 64,690원
⑤ 65,320원

정답 | 해설

10월의 전기세는 기타 계절의 요금으로 구해야 한다.
먼저 기본요금은 341kWh를 사용했으므로 1,600원이고, 전력량요금은 341kWh을 사용했으므로 구간별로 구하면 다음과 같다.
- 1단계 : 200kWh×93.3원/kWh=18,660원
- 2단계 : 141kWh×187.9원/kWh=26,493.9원

그러므로 전기요금은 1,600+(18,660+26,493.9)=1,600+45,153.9≒46,753원이다.
이를 토대로 하면 부가가치세는 46,753×0.1≒4,675원이고, 전력산업기반기금은 46,753×0.037≒1,720원이다.
따라서 10월 청구금액은 46,753+4,675+1,720≒53,140원이다.

정답 ②

| 문제 2 |

다음은 주택용 전력 요금에 대한 자료이다. 단독주택에 거주하는 A씨는 전력을 저압으로 공급받고, 빌라에 거주하는 B씨는 전력을 고압으로 공급받는다. 이번 달 A씨의 전력사용량은 285kWh이고, B씨의 전력사용량은 410kWh일 때, A씨와 B씨의 전기요금이 바르게 짝지어진 것은?

〈주택용 전기요금〉

구분		기본요금(원/호)	전력량요금(원/kWh)	
주택용 전력(저압)	200kWh 이하 사용	910	처음 200kWh 까지	93.3
	201~400kWh 사용	1,600	다음 200kWh 까지	187.9
	400kWh 초과 사용	7,300	400kWh 초과	280.6
주택용 전력(고압)	200kWh 이하 사용	730	처음 200kWh 까지	78.3
	201~400kWh 사용	1,260	다음 200kWh 까지	147.3
	400kWh 초과 사용	6,060	400kWh 초과	215.6

※ (전기요금)=(기본요금)+(전력량요금)+(부가가치세)+(전력산업기반기금)
※ (부가가치세)=[(기본요금)+(전력량요금)]×0.1(10원 미만 절사)
※ (전력산업기반기금)=[(기본요금)+(전력량요금)]×0.037(10원 미만 절사)
※ 전력량요금은 주택용 요금 누진제 적용(10원 미만 절사)
  - 주택용 요금 누진제는 사용량이 증가함에 따라 순차적으로 높은 단가가 적용되며, 현재 200kWh 단위로 3단계 운영

	A씨의 전기요금	B씨의 전기요금		A씨의 전기요금	B씨의 전기요금
①	40,500원	55,830원	②	41,190원	55,300원
③	41,190원	60,630원	④	46,890원	55,830원
⑤	46,890원	60,630원			

정답 해설

- A씨 : 저압 285kWh 사용
  - 기본요금 : 1,600원
  - 전력량요금 : (200×93.3)+(85×187.9)=18,660+15,971.5≒34,630원
  - 부가가치세 : (1,600+34,630)×0.1=36,230×0.1≒3,620원
  - 전력산업기반기금 : (1,600+34,630)×0.037=36,230×0.037≒1,340원
  - 전기요금 : 1,600+34,630+3,620+1,340=41,190원
- B씨 : 고압 410kWh 사용
  - 기본요금 : 6,060원
  - 전력량요금 : (200×78.3)+(200×147.3)+(10×215.6)=15,660+29,460+2,156≒47,270원
  - 부가가치세 : (6,060+47,270)×0.1=53,330×0.1≒5,330원
  - 전력산업기반기금 : (6,060+47,270)×0.037=53,330×0.037≒1,970원
  - 전기요금 : 6,060+47,270+5,330+1,970=60,630원

따라서 A씨와 B씨의 전기요금이 바르게 짝지어진 것은 ③이다.

정답 ③

TOPIC 47 운송비용

| 문제 1 |

화물 출발지와 도착지 간 거리가 A기업은 100km, B기업은 200km이며, 운송량은 A기업은 5톤, B기업은 1톤이다. 국내 운송 시 운송수단별 요금이 다음과 같을 때, 최소 운송비용 측면에서 A기업과 B기업에 가장 유리한 운송수단은?(단, 다른 조건은 동일하다)

〈운송수단별 국내 운송 요금〉

구분		화물자동차	철도	연안해송
운임	기본운임	200,000원	150,000원	100,000원
	km·톤당 추가운임	1,000원	900원	800원
km·톤당 부대비용		100원	300원	500원

① A, B 모두 화물자동차 운송이 저렴하다.
② A는 화물자동차가 저렴하고, B는 모든 수단의 비용이 동일하다.
③ A는 모든 수단의 비용이 동일하고, B는 연안해송이 저렴하다.
④ A, B 모두 철도운송이 저렴하다.
⑤ A는 연안해송이 저렴하고, B는 철도운송이 저렴하다.

정답 해설

A, B기업의 운송수단별 운송비용을 구하면 다음과 같다.
• A기업
 - 화물자동차 : 200,000+(1,000×5×100)+(100×5×100)=750,000원
 - 철도 : 150,000+(900×5×100)+(300×5×100)=750,000원
 - 연안해송 : 100,000+(800×5×100)+(500×5×100)=750,000원
• B기업
 - 화물자동차 : 200,000+(1,000×1×200)+(100×1×200)=420,000원
 - 철도 : 150,000+(900×1×200)+(300×1×200)=390,000원
 - 연안해송 : 100,000+(800×1×200)+(500×1×200)=360,000원
따라서 A기업은 모든 운송수단의 비용이 동일하고, B기업은 연안해송이 가장 저렴하다.

정답 ③

문제 2

대구에서 광주까지 편도운송을 하는 K사는 다음과 같이 화물차량을 운용한다. 수송비 절감을 통해 경영에 필요한 예산을 확보하기 위하여 적재효율을 기존 1,000상자에서 1,200상자로 높여 운행 횟수를 줄인다면, K사가 절감할 수 있는 월 수송비는 얼마인가?

〈K사의 화물차량 운용 정보〉
- 차량 운행대수 : 4대
- 1대당 1일 운행횟수 : 3회
- 1대당 1회 수송비 : 100,000원
- 월 운행일수 : 20일

① 3,500,000원
② 4,000,000원
③ 4,500,000원
④ 5,000,000원
⑤ 5,500,000원

정답 해설

기존의 운송횟수는 12회이므로 1일 운송되는 화물량은 12×1,000=12,000상자이다. 이때 적재효율을 높여 기존 1,000상자에서 1,200상자로 늘어나므로 10회(=12,000÷1,200)로 운송횟수를 줄일 수 있다. 이에 따라 기존 방법과 새로운 방법의 월 수송비를 계산하면 다음과 같다.
(월 수송비)=(1회당 수송비)×(차량 1대당 1일 운행횟수)×(차량 운행대수)×(월 운행일수)
- 기존 월 수송비 : 100,000×3×4×20=24,000,000원
- 신규 월 수송비 : 100,000×10×20=20,000,000원

따라서 월 수송비 절감액은 24,000,000-20,000,000=4,000,000원이다.

정답 ②

TOPIC 48 | 구입가능수량

| 문제 1 |

세희는 인터넷 슈퍼에서 자두와 귤을 합하여 12개를 사려고 한다. 자두 1개의 가격은 1,000원, 귤 1개의 가격은 800원이고, 배송료가 2,500원일 때, 총 가격이 13,000원 이하가 되게 하려면 자두를 최대 몇 개까지 살 수 있는가?

① 2개
② 3개
③ 4개
④ 5개
⑤ 6개

정답 해설

자두를 x개 산다고 하면 귤은 $(12-x)$개 살 수 있으므로 다음 식이 성립한다.
$1,000x + 800(12-x) + 2,500 \leq 13,000$
∴ $x \leq 4.5$
따라서 자두는 최대 4개까지 살 수 있다.

정답 ③

| 문제 2 |

K공단의 T부서는 다과비 50,000원으로 간식을 구매하려고 한다. a과자는 1,000원, b과자는 1,500원, c과자는 2,000원이며, 세 가지 과자를 각각 한 개 이상을 사려고 한다. 다과비에 맞춰 과자를 구입할 때, 최대 몇 개를 구입할 수 있는가?

① 48개 ② 46개
③ 44개 ④ 42개
⑤ 40개

정답 해설

세 종류의 과자를 가장 많이 구입하기 위해서는 가장 저렴한 과자를 가장 많이 구매해야 한다. a, b, c과자를 한 개씩 구매한 금액은 1,000+1,500+2,000=4,500원이고, 남은 금액은 50,000−4,500=45,500원이다. 이때 a, c과자는 천 원 단위이므로 오백 원 단위를 맞추기 위해 b과자를 하나 더 사야 하고, 남은 금액으로 가격이 가장 저렴한 a과자를 44,000÷1,000=44개 구매한다. 따라서 a과자 44+1=45개, b과자 2개, c과자 1개를 구입하여 최대 45+2+1=48개의 과자를 구입할 수 있다.

정답 ①

TOPIC 49 | 산식의 적용

| 문제 1 |

A대학생은 현재 보증금 3천만 원, 월세 50만 원을 지불하면서 B원룸에 거주하고 있다. 다음 해부터는 월세를 낮추기 위해 보증금을 증액하려고 한다. 다음 규정을 보고 A대학생이 월세를 최대로 낮췄을 때의 월세와 보증금이 바르게 짝지어진 것은?

〈B원룸 월 임대료 임대보증금 전환 규정〉

- 월 임대료의 56%까지 보증금으로 전환 가능하다.
- 연 1회 전환 가능하다.
- 전환이율 : 6.72%

※ (환산보증금) = $\dfrac{(전환\ 대상\ 금액)}{(전환이율)}$

① 월세 22만 원, 보증금 7천만 원
② 월세 22만 원, 보증금 8천만 원
③ 월세 22만 원, 보증금 9천만 원
④ 월세 30만 원, 보증금 8천만 원
⑤ 월세 30만 원, 보증금 9천만 원

정답 해설

1년 동안 A대학생이 내는 월 임대료는 500,000×12=6,000,000원이고, 이 금액에서 최대 56%까지 보증금으로 전환이 가능하므로 6,000,000×0.56=3,360,000원을 보증금으로 전환할 수 있다. 보증금에 전환이율 6.72%를 적용하여 환산한 환산보증금은 3,360,000÷0.0672=50,000,000원이 된다. 따라서 월세를 최대로 낮췄을 때의 월세는 500,000×(1-0.56)=220,000원이며, 보증금은 기존 보증금에 환산보증금 5천만 원을 추가하여 8천만 원이 된다.

정답 ②

| 문제 2 |

甲은 개인사유로 인해 5년간 재직했던 회사를 그만두게 되었다. 甲에게 지급된 퇴직금이 1,900만 원일 때, 甲의 평균 연봉은 얼마인가?[단, 평균 연봉은 (1일 평균임금)×365이고, 천의 자리에서 올림한다]

〈퇴직금 산정방법〉

▶ 고용주는 퇴직하는 근로자에게 계속근로기간 1년에 대해 30일분 이상의 평균임금을 퇴직금으로 지급해야 합니다.
  - '평균임금'이란 이를 산정해야 할 사유가 발생한 날 이전 3개월 동안에 해당 근로자에게 지급된 임금의 총액을 그 기간의 총일수로 나눈 금액을 말합니다.
  - 평균임금이 근로자의 통상임금보다 적으면 그 통상임금을 평균임금으로 합니다.
▶ 퇴직금 산정공식
  (퇴직금)=[(1일 평균임금)×30일×(총 계속근로기간)]÷365

① 4,110만 원
② 4,452만 원
③ 4,650만 원
④ 4,745만 원
⑤ 4,953만 원

정답 해설

1일 평균임금을 x원이라 놓고 퇴직금 산정공식을 이용하여 계산하면 다음과 같다.
1,900만 원=[$30x$×(5×365)]÷365
→ 1,900만=$150x$
∴ x≒13만(∵ 천의 자리에서 올림)
따라서 1일 평균임금이 13만 원이므로 甲의 평균 연봉을 계산하면 13만×365=4,745만 원이다.

정답 ④

TOPIC 50 | 자원의 배치

| 문제 1 |

K회사에서는 사원들의 업무효율을 위하여 오래된 책상을 교체해 주려고 한다. 다음은 부서별 책상 현황에 대한 자료이다. 〈조건〉에 따라 부서별로 교체할 책상의 개수가 바르게 짝지어진 것은?

〈부서별 책상 현황〉

(단위 : 개)

구입날짜	E부서	F부서	G부서	H부서
2018.02.17.	15	8	5	12
2019.08.01.	10	8	12	0
2022.07.30.	5	2	0	3

※ 부서별 책상의 개수와 인원은 같음

조건
- 구입한 지 5년 이상인 책상을 대상으로 교체할 예정이다.
- 기존 책상과 교체할 책상의 개수 비율은 전체의 10 : 90 또는 20 : 80이다.
- 부서별 기존 책상의 수는 전체 책상 수의 10%를 넘지 않는다.
- 오늘은 2024년 8월 15일이다.
- 기존 책상은 교체하지 않은 책상을 말한다.

	E부서	F부서	G부서	H부서
①	25개	17개	12개	10개
②	23개	10개	8개	15개
③	22개	12개	16개	12개
④	22개	14개	16개	12개
⑤	20개	12개	12개	10개

정답 해설

2018년과 2019년에 구입한 책상은 조건에 제시된 날짜(2024년 8월 15일)를 기준으로 계산하면 5년 이상이다. 부서별로 우선적으로 교체할 책상 개수를 정리하면 다음과 같다.

(단위 : 개)

구분	E부서	F부서	G부서	H부서	합계
5년 이상인 책상	25	16	17	12	70
5년 미만인 책상	5	2	0	3	10
합계	30	18	17	15	80

두 번째 조건에서 기존 책상과 교체할 책상 개수 비율이 10 : 90일 때 교체할 책상 개수는 $80 \times \frac{90}{100} = 72$개이고, 비율이 20 : 80일 때 교체할 책상은 $80 \times \frac{80}{100} = 64$개이다. 이때 교체 대상으로 5년 이상인 책상의 개수가 총 70개이므로 교체할 책상은 64개가 된다. 세 번째 조건에 따라 부서별로 기존 책상이 전체 책상 개수의 10%를 넘지 말아야 하므로 교체하지 않을 책상은 부서별로 $80 \times 0.1 = 8$개 이하이다.

부서별 교체할 책상 개수 범위를 정리하면 다음과 같다.

구분	E부서	F부서	G부서	H부서
교체할 책상 개수 범위	22개 이상 25개 이하	10개 이상 16개 이하	9개 이상 17개 이하	7개 이상 12개 이하

따라서 교체할 책상의 개수 범위에 해당하고, 책상의 총 개수가 64개인 선택지는 ④이다.

정답 ④

MEMO

시대에듀 왕초보를 위한 NCS 수리능력 필수토픽 50

개정4판1쇄 발행	2025년 07월 15일 (인쇄 2025년 06월 04일)
초 판 발 행	2021년 02월 10일 (인쇄 2020년 10월 29일)
발 행 인	박영일
책 임 편 집	이해욱
편 저	SDC(Sidae Data Center)
편 집 진 행	여연주 · 한성윤
표지디자인	조혜령
편집디자인	최미림 · 장성복
발 행 처	(주)시대고시기획
출 판 등 록	제10-1521호
주 소	서울시 마포구 큰우물로 75 [도화동 538 성지 B/D] 9F
전 화	1600-3600
팩 스	02-701-8823
홈 페 이 지	www.sdedu.co.kr
I S B N	979-11-383-9453-6 (13320)
정 가	20,000원

※ 이 책은 저작권법의 보호를 받는 저작물이므로 동영상 제작 및 무단전재와 배포를 금합니다.
※ 잘못된 책은 구입하신 서점에서 바꾸어 드립니다.

NEXT STEP

시대에듀가 합격을 준비하는
당신에게 제안합니다.

성공의 기회
시대에듀를 잡으십시오.

시대에듀

기회란 포착되어 활용되기 전에는 기회인지조차 알 수 없는 것이다.
- 마크 트웨인 -

시대에듀
공기업 취업을 위한 NCS 직업기초능력평가 시리즈

NCS부터 전공까지 완벽 학습 "통합서" 시리즈

  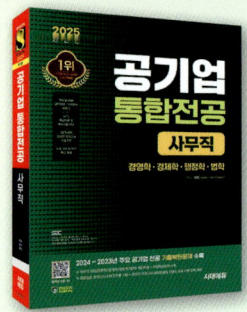 

공기업 취업의 기초부터 차근차근! 취업의 문을 여는 **Master Key!**

NCS 영역 및 유형별 체계적 학습 "집중학습" 시리즈

  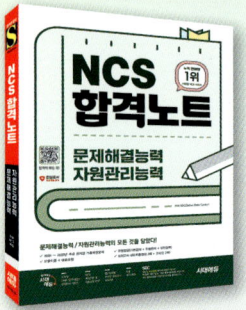

영역별 이론부터 유형별 모의고사까지! 단계별 학습을 통한 **Only Way!**

기업별 맞춤 학습 "기본서" 시리즈

공기업 취업의 기초부터 심화까지! 합격의 문을 여는 Hidden Key!

기업별 시험 직전 마무리 "모의고사" 시리즈

실제 시험과 동일하게 마무리! 합격을 향한 Last Spurt!

※ **기업별 시리즈** : HUG 주택도시보증공사/LH 한국토지주택공사/강원랜드/건강보험심사평가원/국가철도공단/국민건강보험공단/국민연금공단/근로복지공단/발전회사/부산교통공사/서울교통공사/인천국제공항공사/코레일 한국철도공사/한국농어촌공사/한국도로공사/한국산업인력공단/한국수력원자력/한국수자원공사/한국전력공사/한전KPS/항만공사 등

※ 도서의 이미지 및 구성은 변동될 수 있습니다.

답안채점 • 성적분석 서비스

모바일 OMR

도서 내 모의고사 우측 상단에 위치한 QR코드 찍기 → 로그인 하기 → '시작하기' 클릭 → '응시하기' 클릭 → 나의 답안을 모바일 OMR 카드에 입력 → '성적분석&채점결과' 클릭 → 현재 내 실력 확인하기

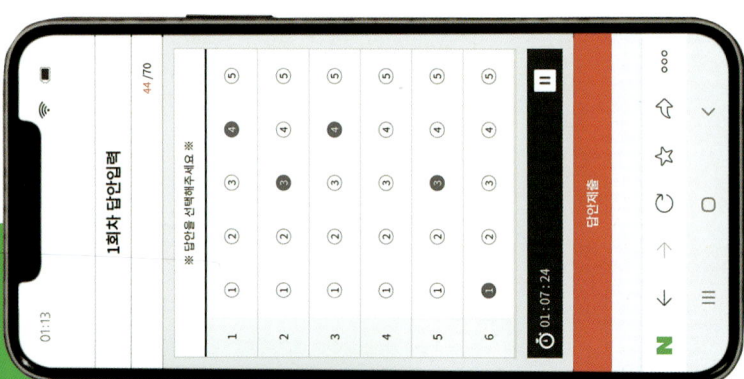

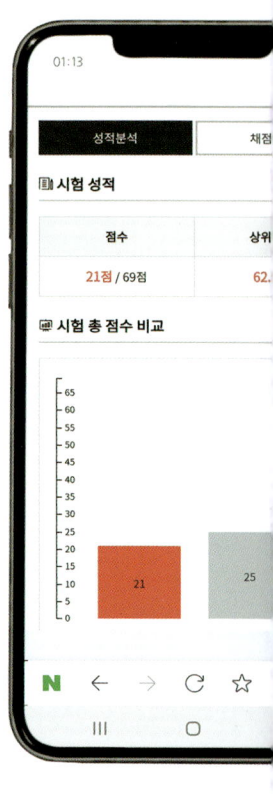

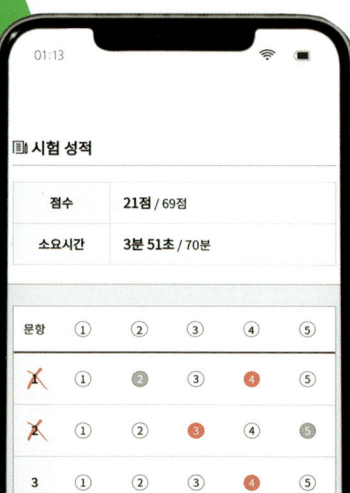

도서에 수록된 모의고사에 대한 객관적인 결과(정답률, 순위)를 종합적으로 분석하여 제공합니다.

※ OMR 답안채점/성적분석 서비스는 등록 후 30일간 사용 가능합니다.